经济管理学术文库·经济类

区域承载力评价方法及应用

Regional Carrying Capacity Evaluation
Method and its Application

李 霞／著

图书在版编目（CIP）数据

区域承载力评价方法及应用/李霞著 . —北京：经济管理出版社，2014.8
ISBN 978 – 7 – 5096 – 3313 – 7

Ⅰ.①区…Ⅱ.①李…Ⅲ.①城市—承载力—评价—研究　Ⅳ.①F290

中国版本图书馆 CIP 数据核字（2014）第 192741 号

组稿编辑：张　艳
责任编辑：张　艳　丁慧敏
责任印制：司东翔
责任校对：超　凡

出版发行：经济管理出版社
　　　　　（北京市海淀区北蜂窝 8 号中雅大厦 A 座 11 层　100038）
网　　址：www.E – mp.com.cn
电　　话：（010）51915602
印　　刷：大恒数码印刷（北京）有限公司
经　　销：新华书店
开　　本：720mm×1000mm/16
印　　张：14.25
字　　数：234 千字
版　　次：2014 年 8 月第 1 版　2014 年 8 月第 1 次印刷
书　　号：ISBN 978 – 7 – 5096 – 3313 – 7
定　　价：46.00 元

·版权所有　翻印必究·
凡购本社图书，如有印装错误，由本社读者服务部负责调换。
联系地址：北京阜外月坛北小街 2 号
电话：（010）68022974　邮编：100836

前　言

改革开放 30 多年来，由于人口的增长，经济结构的不合理，粗放型经济发展模式占主导地位，资源的过度开发和利用使得生态环境日益恶化。据有关数据显示，我国经济增长的 GDP 中，至少有 18% 是以"透支"资源和生态环境换来的。我国在加快经济发展的同时，资源与环境遭到极大浪费和破坏，生态环境的日益退化俨然成为威胁人类生存和发展的突出问题。为了保证区域的可持续发展，生态承载力的研究就显得尤为重要。

关于承载力的研究最早出现在 1758 年法国经济学家奎士纳的《经济核算表》一书中，之后，由于土地退化、环境污染及人口的增长等因素的影响，人类学家和生物学家将承载力概念应用到人类生态学中，形成了"土地承载力"、"环境承载力"、"水资源承载力"、"矿产资源承载力"等单因素承载力的分析。单因素承载状况的分析，一般是将资源、环境、经济从生态系统中割裂出来，不考虑生态系统整体效应，这种做法会使生态承载力整体下降，因此，在处理承载力相关问题时应将生态系统作为一个整体，对整个生态承载力进行评价分析。

本书先对单因素承载力进行了简单介绍，然后分别以河南省、郑州市为例对研究区域的某些单因素承载状况进行了实证分析。但是由于单因素承载力并不能反映生态系统整体的承载状况，故需要将环境、资源、经济这些子系统综合起来，考虑区域的整体生态承载状况。因此，第 3 章对生态承载力定义、研究现状、评价方法等进行了介绍，并在此基础上分别利用评价方法中的生态足迹法、状态空间法、主成分分析法对中原经济区及河南省的生态承载状况进行了分析，并依据分析结论提出了促进研究区域可持续发展的政策建议。

本书的写作首先要感谢河南财经政法大学统计学院的领导及同事们,有了他们的鼓励和支持稿件才得以顺利完成,在此对他们表示衷心的感谢!

其次要感谢我的老公和儿子,他们的理解和支持是我写作此书的最大动力,在此,我衷心地感谢他们!

由于作者水平有限,书中不当之处在所难免,恳请广大读者批评指正!

目 录

第1章 绪论 ··· 1
   1.1 生态承载力的研究背景 ·· 1
   1.2 生态承载力的研究意义 ·· 6
   1.3 生态承载力与可持续发展之间的关系 ······························ 7
   1.4 本书的主要框架 ··· 7
   本章小结 ·· 8

第2章 单因素承载力概述 ··· 9
   2.1 土地资源承载力 ·· 10
   2.2 水资源承载力 ··· 16
   2.3 矿产资源承载力 ·· 28
   2.4 森林资源承载力 ·· 32
   2.5 环境承载力 ·· 34
   2.6 经济承载力 ·· 39
   本章小结 ··· 43

第3章 单因素承载力实证分析 ··· 45
   3.1 郑州市土地资源承载力分析 ··· 45
   3.2 河南省相对土地资源承载力分析 ·································· 63
   3.3 河南省相对水资源承载力分析 ····································· 73
   3.4 河南省相对资源经济承载力分析 ·································· 82

3.5 河南省相对资源承载力的实证分析 …………………………… 87
　　3.6 基于改进后的相对资源承载力分析模型的实证分析 ………… 100
　　本章小结 ……………………………………………………………… 107

第4章　区域生态承载力 …………………………………………… 109
　　4.1 生态承载力的内涵 ……………………………………………… 109
　　4.2 生态足迹法的理论概述 ………………………………………… 117
　　本章小结 ……………………………………………………………… 132

第5章　基于生态足迹法下中原经济区生态承载力的
　　　　　实证分析 ……………………………………………………… 133
　　5.1 中原经济区概括 ………………………………………………… 133
　　5.2 数据整理及思路分析 …………………………………………… 138
　　5.3 中原经济区生态足迹的需求计算 ……………………………… 141
　　5.4 中原经济区生态承载力供给计算 ……………………………… 144
　　5.5 生态足迹的供给与需求比较 …………………………………… 146
　　5.6 中原经济区生态足迹分析 ……………………………………… 147
　　5.7 促进中原经济区发展的政策建议 ……………………………… 160
　　本章小结 ……………………………………………………………… 165

第6章　基于主成分分析法和状态空间法下的实证分析 ……… 167
　　6.1 基于主成分分析法下中原经济区生态承载力状况分析 ……… 167
　　6.2 基于状态空间法下河南省生态承载力的实证分析 …………… 177
　　本章小结 ……………………………………………………………… 189

附　表 ……………………………………………………………………… 191

参考文献 ………………………………………………………………… 197

后　记 ……………………………………………………………………… 217

第1章 绪 论

1.1 生态承载力的研究背景

远古时期,由于人口数量较少,生产力比较落后,人们消耗资源的方式有限,资源、环境、人口与经济之间的矛盾比较小。随着经济的发展,人类对资源环境的影响越来越大,环境污染问题日趋严重。20世纪以后,随着人口数量的急剧增加,资源短缺、环境污染、生态平衡被破坏等问题接踵而来,环境、资源、人口与经济之间的矛盾日益突出。越来越多的人认识到必须走可持续的经济发展道路。

我国自改革开放30多年来,经济发展取得举世瞩目的成就,同时环境、资源、人口等之间的矛盾也日益凸显。主要表现在:

1.1.1 人口数量仍然增长较快,就业负担依旧沉重

据有关数据显示,截至2012年12月31日,世界总人口为70.9亿。其中,中国人口为13.56亿,占世界人口的19.13%,这比2011年底的19.32%下降了约0.2%。自1975年中国人口达到世界的22.5%以来,中国人口占世界的比率一直呈逐年下降的趋势,2000年之后下降速度加快,并于2007年首次跌破了20%大关,近几年来每年下降0.2%左右。虽然人口的增长速度有所遏制,但是增长速度仍然较快,近几年平均每年新增人口为700

万左右,每年需要安排就业的城市劳动力为1100万,就业形势依旧严峻。

1.1.2 经济结构不合理,粗放型的发展方式对生态系统的压力较大

我国经济发展速度较快,自改革开放到2013年,我国国内生产总值的年平均增长率为9.8%,是世界上增长最快的国家之一,但是有相当一部分地区的结构不合理,粗放型的经济发展模式仍然占主导地位,落后的生产方式仍占较大的比重。2012年我国一次能源消费量为36.2亿吨标煤,消耗全世界20%的能源,单位GDP能耗是世界平均水平的2.5倍,美国的3.3倍,日本的7倍,同时高于巴西、墨西哥等一些发展中国家。数据显示,我国每消耗1吨标煤仅能创造14000元的GDP,而全球平均水平是消耗1吨标煤创造25000元的GDP,美国的水平是创造31000元的GDP,日本是创造50000元的GDP。2013年单位国内生产总值能耗下降3.7%,虽然实现年度目标,但是节能减排的形势依然严峻。

1.1.3 部分重要资源短缺,外部资源依赖性强

我国虽然资源总量丰富,但是人口基数大,所以人均资源占有量不足。据第四次全国森林资源普查有关数据显示,目前我国森林面积和林木蓄积量在世界上排第6位,但人均量分别仅及世界人均值的1/6和1/8。其中,森林蓄积量为112.7亿立方米;林木总蓄积量占世界总量的3%;森林覆盖率为16.55%,居世界第142位。天然气资源方面,我国天然气可采资源量为14万亿立方米左右,已探明的储量为3.86万亿立方米。我国天然气资源量居全世界第15位,仅占全世界总量的0.9%,天然气资源人均占有量仅为世界平均水平的4.5%,居世界第136位。矿产资源方面,我国矿产资源相对比较丰富,但人均占有量仅为世界平均水平的58%,大型和超大型矿床所占比重较小,贫矿、难选矿较多,尤其是铁、铜、铝土、铅、锌、金等多为贫矿,开采成本较高,实际可供利用的资源比例较低。目前我国单位产出耗电量为

世界平均水平的3.8倍,欧洲的6倍,韩国的3.1倍,日本的11倍。高耗电量和日益增长的用电需求已经成为影响我国社会经济发展的突出问题,我国已经成为电力短缺国家。石油资源方面,我国石油资源量约为1072.7亿吨,其中约71.61%分布在陆上,约22.93%分布在海洋。其中,2020年以前可供勘探利用的资源总量为150亿吨,随着技术的进步,2020~2050年可供勘探利用的资源总量可能会再增加50亿吨,达到200亿吨。石油资源总量排全世界第6位,在亚洲排第1位。但人均占有量为11.5~15.4吨,仅为世界平均水平的1/5~1/6。水资源方面,我国是一个缺水严重的国家,淡水资源总量为2.8万亿立方米,占全球水资源的6%,仅次于巴西、俄罗斯和加拿大,居世界第4位,但人均水资源占有量只有2300立方米,仅为世界平均水平的1/4、美国的1/5,在世界上排第121位,属于全球水资源最贫乏的国家之一。煤炭资源方面,我国煤炭储量居世界第3位,我国煤的探明储量约为1万亿吨,但人均占有量只有460吨,远远低于世界平均水平。

人口的高速增长以及经济的快速发展进一步加剧我国资源不足的矛盾,对于部分重要短缺的资源,我们采取外部进口的方式弥补不足。据有关数据显示,2012年我国进口铁矿砂7.4亿吨,增加8.4%,进口均价为每吨128.6美元,下跌21.6%;原油27亿吨,增加了6.8%,进口均价为每吨814.2美元,上涨5%;煤2.9亿吨,增加29.8%,进口均价为每吨99.5美元,下跌7.4%;大豆5838万吨,增加11.2%,进口均价为每吨599.3美元,上涨5.8%。

1.1.4 生态环境退化,环境问题严重

我国国土辽阔,自然条件复杂,森林资源少,森林覆盖率低,地区差异较大,绝大部分森林资源分布于东北、西南等边远山区和我国台湾地区山地及东南丘陵,而西北地区森林资源贫乏。我国地貌类型多样,气候差异较大。西北部温带大陆性气候,降水少,气候干旱,多大风。夏季炎热干燥,冬季寒冷,温差大;西南地区属亚热带湿润性气候,降水较多。青藏高原寒冷,空气稀薄。目前我国生态环境的基本状况是:总体在恶化,局部在改善,治

理能力远远赶不上破坏速度,生态赤字将继续扩大。

生态环境问题主要表现在以下几个方面:

(1)水土流失严重。据有关数据显示,目前全球70%的国家和地区受到水土流失和荒漠化的影响,地球表面积为5.1亿平方千米,其中陆地比例不足30%,在陆地1.49亿平方千米的面积中,水土流失面积高达30%。我国作为世界上水土流失最严重的国家之一,几乎每个省都有不同程度的水土流失现象。我国水土流失之广,流失强度之大,危害之重,世界少有。据水利部2005年12月26日发布的《2004年中国水土保持公报》显示,2004年全国土壤侵蚀量达16.22亿吨,相当于从12.5万平方千米的土地上流失掉1厘米厚的表层土壤。其中,以长江、黄河的土壤侵蚀量最多,分别达到9.32亿吨和4.91亿吨。调查结果显示,全国范围内,不论是山区、丘陵、风沙区还是农村、城市、沿海地区都存在不同程度的水土流失。近些年来,由于对水土资源的过度利用,我国水土流失现象更加严重。再加上我国正处于城市化、工业化以及现代化的进程当中,人口、资源、环境矛盾日益突出,新的水土流失问题不断出现,这使得水土保持工作日益困难。

(2)沙漠化迅速发展。荒漠化是全球共同存在的环境问题,在各大洲均有分布,全球共有100多个国家和地区受到荒漠化的威胁,尤其是在亚洲和非洲的一些发展中国家表现得更为突出。非洲总面积的1/3是沙漠,仅撒哈拉沙漠面积就达777万平方千米;非洲沙漠化的原因有:非洲地表水资源分布不一,地区差异较大;气候环境恶劣;土壤条件差;气候干旱;水土流失;灌溉方式传统。而我国发生沙漠化的地理范围为湿润指数为0.05~0.65的干旱、半干旱以及亚湿润干旱区。我国荒漠化的主要原因为:人为因素对植被造成的破坏;人口压力导致经济的快速发展,从而导致水资源的不合理利用。我国土地荒漠化的主要类型有:风蚀荒漠化、水蚀荒漠化、冻融荒漠化、盐渍荒漠化。荒漠化所带来的危害主要有土地退化、生物群落退化、水文状况的恶化以及环境污染等。

(3)草原退化加剧。我国草原退化面积以每年近2000万亩的速度扩展,20世纪70年代我国草原退化率为15%,80年代中期达到30%以上,目前已上升到57%左右。内蒙古草原退化沙化面积以每年1000多万亩的速度蔓延,内蒙古草原退化率由20世纪60年代的18%发展到80年代的39%，目前已达到73.5%（沙化、退化面积占可利用草原面积的比例）。

（4）森林资源锐减。根据联合国粮农组织2001年的报告，全球森林1990~2000年每年以千万公顷的速度锐减。虽然1990~2000年，人工林有一定程度的增加，但热带和非热带天然林却以更大的速度锐减。导致森林锐减的原因很多，第一个原因是人口压力。1995年世界人口达到57亿人，而75%以上的人口集中在不发达的第三世界国家。而第三世界国家居民的主要问题仍然是吃、穿、住。为了有吃、有穿、有住、有柴烧，他们不断地向森林索取，毁林开荒，伐木为薪，导致大片森林以惊人的速度消失。森林锐减的第二个原因是由滥伐树木所造成的。全世界每年被砍伐的森林面积约为1130万~2000万公顷。发达国家的热带木材进口量近20年来增加了16倍，占世界木材、纸浆供给量的10%。发达国家为了保护自己国内的木材资源，向其他国家伸出索取木材资源之手。占世界人口3/4的发展中国家，虽然拥有50%以上的木材资源，但木制品的消费量却只占14%。日本每人每年仅纸张所消耗的木材量，就相当于发展中国家每户居民每年燃料的消费量。森林锐减的第三个原因是毁林烧柴；人类煮食取暖所使用的能量已经超过由水电站或核电站所产生的能量。森林锐减的第四个原因是火灾或者病虫危害。

（5）环境污染开始向农村蔓延。据统计：全国因固体废弃物堆积而被占用和毁损的农田面积已超过200万亩，3亿多农村人口面临饮水不安全的问题。环境污染向农村转移的形式主要有两种：一种是城市污染开始向农村转移；城镇污水的排放，除了污水处理厂可以集中处理之外，其余的都直接或间接地污染着农村的生态环境。一些靠近城市的农村除了主要街道之外，很多道路、空地被垃圾厂所侵占，甚至耕地也面临着被垃圾侵占的危险。另一种是生产企业污染向农村转移；随着产业结构的调整，一些高污染企业开始由城市向农村转移，这些企业大多生产设施落后，缺乏防治污染的配套设施，河流、土地的污染现象非常普遍，工业废弃物也大量增加。

除了上述环境问题之外，还有地下水位下降、水体及大气污染等环境问题。

生态环境的恶化对人类的生存和发展提出了巨大的挑战，我们在追求高速经济发展的同时，换来的却是环境的破坏及污染。据有关数据显示，中国经济增长的 GDP 中，至少有 18% 是依靠资源和生态环境的"透支"来获得的。在社会经济快速发展的同时，我国资源遭受了极大的浪费，生态环境的日益退化成为威胁人类生存和发展的突出问题。我们不能再仅仅以国内生产总值的增长率作为衡量经济发展状况的指标，经济的发展不能以资源环境为代价，我们要走可持续的经济发展道路，可持续发展并不意味着不消耗资源，不是使发展完全摆脱资源、环境的影响，而是将发展保持在资源、环境、人口和经济系统的承载范围之内。区域生态承载力的评价研究为我们保证区域的可持续发展提供了理论依据。

1.2　生态承载力的研究意义

关于承载力的研究最早可追溯到 1758 年法国经济学家奎士纳的《经济核算表》一书，直到 1921 年，人类生态学者帕克和伯吉斯才确切提出了承载力的概念，指出"承载力指的是某一特定环境下（主要指生存空间、营养物质、阳光等生态因子的组合），某种个体存在的数量上的最高极限"。之后，由于土地退化、环境污染和人口迅速增长等因素影响，人类学家和生物学家将承载力的概念应用到人类生态学中，形成了"土地承载力"、"环境承载力"、"水资源承载力"、"矿产资源承载力"等概念。和资源短缺及环境污染相联系的另一个问题就是环境生态平衡的破坏。草原的退化、水土的流失、生物多样性的丧失等问题引起人们对资源消耗与供给能力、生态环境失衡与可持续发展之间的关系进行思考。生态环境遭到破坏的最明显的特征就是生态系统的完整性遭到破坏，从而使生存于生态系统内的人和各种动植物都面临着生存危险。基于此，许多科学家从系统的整体出发，提出了生态承载力的概念，生态承载力是对资源承载力以及环境承载力的扩展与完善。生态承载力的研究为人类社会经济的可持续发展提供了保障。

生态承载力的研究方法有：自然植被净第一性生产力测算法、资源与需求的差量法、状态空间法、综合评价方法、生态足迹分析法等，这些方法我们将在后面详细介绍。

1.3　生态承载力与可持续发展之间的关系

在研究生态承载力之前，要先界定生态承载力与可持续发展之间的关系，否则生态承载力的研究就失去了研究意义。很多学者对生态承载力与可持续发展之间的关系进行了研究。国内学者邓波2003年在综合前人对承载力可持续发展的基础上，提出了两者之间的关系：①生态承载力是可持续性发展的重要依据；②生态承载力的不断提高是实现可持续发展的必要条件；③生态承载力是区域可持续发展能力的组成部分。根据上述关系可以看出，生态承载力与可持续发展之间在某种意义上是一致的，生态承载力主要解决的是人口、资源、环境与经济发展之间的一些问题，是可持续发展模式下最核心的一个问题。随着经济的发展，生态环境问题的日益凸显，以可持续发展为基础的生态承载力理论越来越多地受到国内外学者的重视。可持续发展是从战略高度所提出的一种新型的发展思路，它体现了人类发展的总目标（Goal），它是静态的；而生态承载力研究则着眼于可持续发展的具体目标，它是动态的、可选的（Objective）。可以把生态承载力研究看成是可持续发展研究中的一项具体内容。人类在追求自身利益最大化的同时，应该确保在生态环境可承受范围之内保持健康的、可持续的发展态势。

1.4　本书的主要框架

本书共分成六章，第1章是绪论，介绍了生态承载力的研究背景以及研究意义；第2章是单因素承载力概述，分别介绍了土地资源承载力、水资源承载力、矿产资源承载力、环境承载力、经济承载力等的定义及评价方法；第 3 章是单因素承载力实证分析，分别对郑州以及河南的土地资源承载力、水资源承载力以及经济承载力进行了评价分析；第 4 章是生态承载力的概述，介绍了生态承载力的研究现状、定义及评价方法；第 5 章是基于生态足迹法下中原经济区生态承载力的评价分析，主要对中原经济区的生态承载状况进行了分析；第 6 章是分别基于主成分分析法和状态空间法对中原经济区的生态承载力以及河南省的环境承载力进行了评价分析。

本章小结

随着人口数量的增加、资源的短缺、环境的污染、生态平衡的破坏等问题的出现，环境、资源、人口与经济之间的矛盾也日益突出。为了人类、社会经济和自然环境之间的和谐发展，区域生态承载力的研究迫在眉睫。

1.1 节从人口、经济结构、自然环境、生态环境四个方面阐述了环境、资源、人口之间存在的问题。

1.2 节分析了生态承载力的研究意义。

1.3 节分析了生态承载力和可持续发展之间的关系。

1.4 节介绍了本书的主要框架。

第2章 单因素承载力概述

关于承载力的研究最早可追溯到1758年法国经济学家奎士纳的《经济核算表》一书，该书讨论了土地生产力与经济财富之间的关系，之后，马尔萨斯对人口及粮食之间问题的提出，使人们认识到自然资源对人口的制约。当时承载力概念还没有正式提出。直到1921年，人类生态学学者帕克和伯吉斯确切提出了承载力的概念，指出"承载力指的是某一特定环境下（主要指生存空间、营养物质、阳光等生态因子的组合），某种个体存在的数量上的最高极限"。

承载力的研究最初仅限于单因素承载力研究，19世纪80年代后期到20世纪初期，生态学最先将承载力的概念应用到土地资源承载力当中，主要用于研究现存土地可供养多少人口等问题，到20世纪60年代后期，随着经济的快速发展，对消耗的资源不断增加，水资源承载力、森林承载力以及矿产承载力等概念应运而生，国内外学者在不同的研究背景下，所给出的承载力的定义差别很大，经过研究比较，笔者认为牛文元在1994年所提出的资源承载力的概念既简单又具有代表性，即"资源承载力指的是一个国家或一个地区资源的数量和质量，对该空间内人口的基本生存和发展的支撑力。"

我国学者关于土地承载力研究最具有影响力的是《中国土地资源生产能力及人口承载量研究》，继土地资源承载力研究之后，国内外学者对水资源承载力进行了较多的研究；关于水资源承载力的研究，多数国外学者是把其纳入可持续发展规划中进行讨论的，关于水资源承载力研究最早的是新疆水资源软科学课题研究组，20世纪90年代，国内学者关于承载力研究逐步扩展到矿产资源、森林资源等方面，其理论和方法也趋于完善。

2.1 土地资源承载力

早在1921年,帕克和伯吉斯就研究过土地资源承载能力。在各种资源承载力的研究中,土地资源承载力的研究是最早开始的,也是规模最大、最成熟的一项研究。

2.1.1 土地资源承载力的国外研究现状

早期的土地承载力研究和生态学是密切相关的。人类生态学学者帕克和伯吉斯在针对人类生态学的研究中,提出承载力(Carrying Capacity)指的是"某一特定环境下(主要指生存空间、营养物质、阳光等生态因子的组合),某种个体存在数量的最高极限"。他们认为,可以根据某一区的食物资源来确定区域的人口承载能力。1970年以前的土地承载力的概念多数是在生态承载力的基础上进行延伸的,其中具有较大影响的是威廉·福格特的《生存之路》以及威廉姆·A.阿兰提出的计算方法。美国的威廉·福格特和威廉姆·A.阿兰在1949年分别给出了土地承载力的定义,威廉·福格特认为,土地承载力即为"土地为复杂的文明生活服务的能力",可以通过土地可以提供的粮食产量与环境阻力的比值进行计算。威廉姆·A.阿兰则认为,土地承载力指的是"在维持一定生活水平并且不引起土地退化的情况下,一个区域能永久供养的人口数量及人类的活动水平或土地退化前区域所能容忍的最大人口数量"。威廉姆·A.阿兰在1965年提出以粮食为标志的土地综合承载力的计算公式,主要目的是计算出某个地区传统的农业生产所提供的粮食能养活的人口数量。在威廉姆·A.阿兰所给出的计算公式中,由于没有考虑农业的投入与整个经济系统各部门之间的反馈作用,这种方法只能对某个时期该地区所能养活的人口数目进行粗略估算。1970年以后,在发展中国家人口的急剧增长和发达国家需求的迅速扩展的双重压力下,以协调人地关系为目的对承载力的研究再度兴起,并逐渐开始由土地承载力的研究向整个资源的承载力研究进行推广。比较具有影响力的,有澳大利亚的土地承载力研究。20 世纪 70 年代初,澳大利亚的学者 Millington 和 Gifford 利用多目标决策分析法,以各种资源(土地、水、气候、能源等)对人口数量的限制出发,计算出了澳大利亚的土地资源承载能力。他们在研究中除了考虑种植业外还考虑了畜牧业的发展潜力,分析了几种发展策略,并指出按照目前澳大利亚的水资源条件可以养活 8000 万人,届时,能源将是最主要的限制因素。除此之外,更多的学者对土地承载力进行了定义,20 世纪 50 年代至 70 年代,H. 科克林、R. 卡内罗、P. 高罗、S. 布拉什等提出,土地承载力是指在不对土地资源造成不可逆负影响的前提下,土地生产潜力所能容纳的最大人口数量。

2.1.2 土地承载力的国内研究现状

我国对土地承载力的研究始于 1980 年,虽然起步较国外晚,但是发展迅速。在国内众多的研究成果中,最具有影响力的应该是中国科学院自然资源综合考察委员会在《中国土地资源生产能力及人口承载量研究》的项目研究中对土地承载力的定义,研究指出"土地承载力指的是在未来不同的时间尺度上,以可预见的技术、经济和社会发展水平及与此相适应的物质生活水准为依据,一个国家或地区利用其自身的土地资源所能够持续稳定供养的人口数量"。该项目 1986~1990 年经历了数年的时间才得以完成,项目中确定 2000 年和 2025 年为研究的时间尺度,以土地资源—粮食生产—人口承载的分析为主线,预测了全国及各省、市、区在未来这两个时段内可承载的人口规模。

另外,国内学者田雪原等在《经济发展和现代理想人口》中及宋健在《从食品资源看我国现代化后所能养育的最高人口数》中均提到我国土地资源所能承载的人口数量。陈百明在对新疆呼图壁县土地综合承载力的研究过程中,应用基于线性规划法下所建立起的优化模型对土地资源的人口承载力进行了定量分析。杨子生基于土地生产潜力法分析了攀西地区的土地资源综合承载力。张剑光在对重庆的土地资源承载力的研究分析中,也是基于生产潜力法就低投入、中投入、高投入三种投入水平下所获得的农作物产量潜力进行了分析。张海鱼从能量转换的角度，以当地的生活标准及食物结构为依据，推算出了三江平原地区的土地人口承载量。石玉林在《我国土地资源利用的几个战略问题》中提出，我国的人口承载量在相当长的时间内会处于临界状态，而解决这个问题的关键在于采取超常规的增产措施和严格控制人口的增长数量，尤其是要大幅度地增加农业方面的投入。

随着土地资源承载力理论的逐渐完善，学者们对土地承载力方面的研究更加深入全面，并且研究方法也更加力图创新。近几年来，很多学者把3S技术运用到土地综合承载力方面的研究当中。另外，在研究中也逐渐加大了理论研究与实践相结合的力度。

总之，随着研究方法的逐渐完善，我国学者对土地承载力的研究趋于表现出多层次多方法的特点。从最初的简单地以土地人口承载力为研究对象，逐渐扩展为土地经济承载力、土地社会承载力、土地生态承载力等方面的研究；研究的层面也更加丰富全面，不仅从耕地—粮食—人口方向进行研究，而且研究中还涉及人类活动的其他方面，如生产发展、生活质量、社会服务等方面；研究方法也更加多样化。

众多土地承载力的定义可概括为：在一定的技术水平和投入强度下，一个国家或地区在确保不会对土地资源造成不可逆的负面影响的前提下，所能持续、稳定地支持具有一定消费水平的最大人口数量。

2.1.3　土地资源承载力的计算方法

土地资源承载力的计算方法主要包括以下三种：生态生产潜力方法、统计推断方法和ECCO方法。

2.1.3.1　生态生产潜力方法

土地的生产潜力指的是在未来的不同时间尺度上，以可预见的技术手段为依据，某区域的土地所能够持续提供给人类所需要的生物品的潜在能力。土地的生产潜力是通过植物的转化功能，将水分、二氧化碳以及各种养分所合成的有机物质来实现的。这种合成能力主要取决于土地的潜力结构，包括所处区域的气候潜力、土壤潜力以及植被潜力等。测算土地生产潜力的方法有以下几种：

（1）光合生产潜力法。这种方法主要是针对农业土地而言的。光合生产潜力主要指的是作物在温度、水分和土壤等条件均保持最适宜状态下，由辐射的太阳能资源所产生的产量。

（2）瓦赫宁根（Wageningen）方法。该方法最早是由瓦赫宁根农业生产力研究小组的德威特等提出的，后来被国际土地开垦与改良协会广泛应用。此方法是通过模拟植被的光合作用、叶和根等生产量因子的日变化以及碳水化合物的变化过程，在植被和水的管理标准较高、水和养分没有限制以及病虫危害很小的情况下所计算的土地产粮潜力。国内学者周白、郑剑非曾在计算内蒙古武川旱农实验区的土地生产潜力时使用过这种方法。此方法的优点是机理性比较强，缺点是对农作物生长与环境之间的关系定量研究不足，因此此方法虽然在国际上应用较广泛，但主要是局限于玉米、高粱、小麦等少数农作物上。

（3）农业生态区法。农业生态区指的是根据气候、土壤、地形、水文等土地自然特征的异同而划定的一个区域。每个农业生态区内的土地自然特性基本上是一致的。农业生态区的方法是20世纪70年代后期由联合国粮农组织和国际应用系统分析研究所共同研发的一种测度土地资源承载力的一种方法。此方法可以看成是前面瓦赫宁根方法的进一步推广，农业生态区法和瓦赫宁根法相比可以应用于更多的农作物。农业生态区法的优点是它比较全面地考虑了影响众多农作物生长发育的气候因素，所使用的气候指标都是常规气象观测的数据，并且所用的参数可以根据农作物的特点进行调整，在用于大面积的农作物生产力的计算方面是比较容易实现的。缺点有：①农业生态区方法是静态的计算方法，不能反映土地资源承载能力和人口增长之间的动态变化；②此方法在实践中难以针对具体的农作物确定合适的参数及修正函数，尤其是在不能采用有实验依据参数的条件下，研究的科学性及精度将会受到显著影响。

2.1.3.2 统计推断方法

此方法是先依据数理统计的相关知识建立数理统计模型，利用模型将研究区域内土地的生产潜力和某些自然因子联系起来从而进行土地承载力测度的一种方法。此方法适用于具有较大范围的初级生物性生产潜力的估计计算。具有代表性的此方法有以下两种：

（1）基于气候因子的生产潜力法。此方法主要是通过使用降水、温度、蒸散量等一些和气候相关的资料来测度生产潜力的一种方法。最早的是 H. 利思提出的 Miami 模型，但是 Miami 模型最大的缺点就是只考虑了单个气候因子即年平均气温或者说是年平均降水量，未能综合考虑其他影响生产潜力的气候因子，在实践中容易出现较大误差。

（2）基于农作物指数的遥感生产潜力法。此类方法是通过遥感手段来获得与农作物生产密切相关的因子，通过这些因子构造出农作物指数，最后根据农作物指数来计算生产潜力的一种方法。这种方法的优点是它能利用先进的技术获得较为准确的、科学的农作物指数资料，为进一步估算土地生产潜力提供精确的数据资料。缺点是通过遥感手段所获得的只是农作物的生产信息，不是实际的经济产量信息。因此，在实际应用过程中，我们必须将遥感数据获得的农作物信息和其他的信息资料结合起来，建立更加综合、更加准确的估计模型，从而减少单一依赖遥感数据模型估计农作物产量时所带来的误差。

2.1.3.3　ECCO 方法

生态生产潜力方法和统计推断方法均是通过研究区域内的土地粮食产量间接测度土地承载人口的，而 ECCO 方法则是一种直接计算土地承载人口的方法。此方法是由英国的科学家 Malcolm Slesser 教授于 1985 年在联合国教科文组织的资助下提出的，是在综合考虑影响土地生产潜力的资源、环境、人口、社会、经济等多种因素及其相互关系的情况下，将研究区域的承载力看成一个整体系统，并应用系统动力学的方法，对人口容量进行动态的定量分析的一种方法。他认为，承载力研究的根本目的在于建立一整套目标和政策，使之既能满足需求，又在政治上可行。ECCO 方法中模型的建立为土地承载力的研究由静态走上动态预测打下了基础。

此方法可以分成以下三个步骤：第一步，辨别研究区域中影响土地产量的各种关键因素以及它们之间的关系。第二步，根据研究问题选择方程的参数及结构，建立系统动力学模型。第三步，根据样本数据检验模型的拟合优度，在模型通过显著性检验即模型能很好地说明历史数据的情况下，利用模型对未来不同情形下的土地生产潜力及不同生活水平下的承载能力进行预测，最后根据预测结果提出相应的政策建议。

ECCO方法的优点是能够综合地反映影响土地生产潜力的各种影响因素，且能对研究区域内的人口数量进行动态分析。缺点是：①此方法在使用之前需要有研究区域内部比较复杂的资源、经济、社会、人口系统方面的数据资料，这一点对于许多研究区域来说都比较困难。②由于在实际应用中，有时很难搞清楚模型中各个变量之间的因果关系，所以在实践中常常将资源数据作为最基本的解释变量，而把经济系统的一些参数当作被解释变量进行处理。因此，所建立的模型有时很难揭示由自然资本和经济资本的转换及替代所带来的土地承载力变化的本质。

以上介绍的土地资源承载力的测度方法中，绝大部分都是建立在"耕地资源—粮食生产—人均消费—可承载人口"的模式上的，其中如何计算区域内部土地生产粮食的数量是计算土地资源承载力的最核心的部分。这种模式下的测度方法存在一定的问题：由于各种类型的土地资源都可以创造出财富，如园林、牧草地、工业用地、商业用地、建设用地等，仅仅以耕地资源代替各种类型的土地资源的计算结果必定在一定程度上缩小了土地资源的承载能力，因此，在研究土地资源的承载力相关问题时，最好能结合其他农用资源或者城市用地资源对土地的承载力状况综合分析。另外，目前的土地资源承载力测度方法都是最大限度地计算土地的数量承载能力，在追求最大数量的同时忽略了土地承载力的质量方面的要求。因此，在土地承载力研究中，我们必须将影响土地资源质与量的各种影响因素，以及决定土地承载力大小的各类支撑系统结合起来进行综合分析，根据各影响因素对土地承载力所起的作用的差异，分析它们在各支撑系统中的不同地位，体现我们对环境积极能动的一面。我们在大力提高区域土地资源承载力的同时，一定要保证区域土地的合理开发，建立土地健康的评价体系和预警体系，保证土地资源生态系统的可持续发展。再有，目前大多数土地资源承载力的研究限于静态研究，尽管基于系统动力学的ECCO方法为土地承载力的研究由静态走向动态预测提供了基础，但 ECCO 方法只能算是比较静态研究，因此，未来对土地承载力的研究要在既有的技术条件下，积极追踪动态技术的发展，对影响土地资源的各个因子之间的关系进行更加全面的分析。

2.2　水资源承载力

　　与土地资源承载力相比，水资源承载力研究有了很大进步，土地承载力研究中通常将土地承载力作为一个封闭系统，忽视了其与外界之间的联系，而区域水资源承载力研究中则考虑了区域水系统与外界资金、技术、信息的联系，但和土地承载力研究一样，水资源承载力研究也很少考虑环境对水资源的影响，片面地追求单因素承载力的最大化势必会导致整个生态系统的不协调。

　　我国是个水资源相对短缺的国家，水资源总量不足以及各地区、各时期水资源分布极不均衡已经成为制约各地经济持续、快速、健康发展的主要影响因素。中国工程院"21 世纪中国可持续发展水资源战略研究"项目组关于中国可持续发展水资源战略研究综合报告中指出，2030 年，我国人口将增至 16 亿，人均水资源用量将降至 1760 立方米，接近国际上普遍认可的水资源紧张标准 1700 立方米，到时我国的水资源形势会更加严峻，因此，为了更好地促进人和自然的和谐发展，如何加强水资源的承载力以及如何优化水资源配置已经成为众多学者关心的话题。

　　从长远来看，我国水资源所面临的最大问题就是资源短缺，水资源作为一种可恢复和可重复使用的可再生资源，是实现我国经济健康、快速发展的主要影响因素，为了保证水资源不影响社会经济的可持续发展，在处理水资源的供需问题上，应该以水资源的承载力为前提，坚决杜绝过度开发使用所导致的生态平衡的破坏以及生态环境的恶化。

2.2.1 国外水资源承载力的研究现状

国际上关于水资源承载力的单项研究比较少,多数都是把其纳入可持续发展的理论当中。1998 年美国陆军工程军团和佛罗里达州社会事务所共同委托 URS 公司对佛罗里达 Keys 流域的承载能力进行了研究;Jonathan 在 1998 年从供水的角度对城市的水资源承载力进行了研究;Jonathan M. Harris 将水资源作为重要的影响因素,重点研究了农业生产区域的农业水资源承载力,并把此承载力作为区域发展潜力的一项重要判断标准;Joardor 等 1998 年从供水的角度对城市水资源承载力进行了相关研究,并将相关的研究结论纳入到城市发展规划当中;Rijberman J. 等在研究水资源评价和管理体系中将水资源承载力作为城市水资源安全保障的衡量标准进行相关研究。

2.2.2 国内水资源承载力的研究现状

虽然国内关于水资源承载力的研究起步较晚,但是国内学者对水资源承载力进行的研究较多。

1985 年新疆水资源软科学课题组对新疆的水资源承载能力进行了研究;1992 年施雅风、曲耀光对乌鲁木齐河流域水资源承载力进行了研究;2000 年曲耀光、樊胜岳以及王家骥、姚小红等分别对黑河流域水资源承载力进行了研究;2000 年王家骥、姚小红等对黑河流域生态承载力进行了研究;2001 年王在高、梁虹对岩溶地区的水资源承载力进行了研究。以上学者在对各地区的区域水资源承载力进行研究的过程中采用的都是常规趋势法。

1993 年许有鹏对新疆和田流域的水资源承载力进行了研究;2001 年秦莉云对淮河流域水资源承载力进行了研究;2001 年王余标对周口市水资源承载力进行了研究;2001 年张鑫等对关中平原地下水资源承载力进行了研究。以上学者在对各区域的水资源承载力进行评价时采取的均为模糊评价法。

1999 年傅湘利用主成分分析法对陕西汉中平坝地区的水资源承载力进行了分析。

1995年魏斌对本溪市、山东临淄的水资源承载力进行了研究；1999年王建华等对乌鲁木齐干旱区城市的水资源承载力进行了研究；2000年陈冰对柴达木盆地的水资源承载力进行了预测分析；2001年惠泱河对关中水资源承载力进行了研究；2002年陈兴鹏、戴芹对甘肃省河西地区的水土资源承载力进行了分析；2003年吴九红、曹开华对城市水资源承载力进行了研究。以上区域在进行水资源承载力状况分析时采用的均为系统动力学法。

1999年徐中民对黑河流域中游水资源承载力进行研究；2000年薛小杰对城市水资源承载力进行研究；1998年阮本青对区域水资源的适度承载力进行了研究；2000年迟道才对盘锦市水资源的适度承载力进行了分析研究；2002年朱照宇对珠江三角洲经济区的水资源承载力进行了计算研究。以上学者在对区域的水资源承载力进行分析时均采用的是多目标分析评价法。

2003年王顺久等利用投影寻踪评价模型对我国水资源承载力、淮河流域水资源承载力进行了研究。

2.2.3　水资源承载力的定义

关于水资源承载力的定义，目前国内外没有统一的观点，很多学者都是从各自的研究领域提出了各自的观点，代表性的定义有如下几种：

（1）国内学者施雅风提出，水资源承载力是指某一地区的水资源，在一定社会历史和科学技术发展阶段，在不破坏社会和生态系统时，最大可承载容纳的农业、工业、城市规模和人口的能力，是一个随着社会、经济、科学技术发展而变化的综合目标。

（2）夏军则认为，水资源承载力是一个度量区域社会发展受水资源制约的阈值，它通常是用满足生态需水的可利用水量和社会经济的可持续发展目标需求水量的人口规模和经济发展规模等指标表达。

（3）龙腾锐认为，水资源承载力是在一定的时期和技术水平下，当水管理和社会经济达到最优时，一定区域的水生态系统自身所能承载的最大可持续人均综合效用水平（或最大可持续发展水平）。

（4）阮本青认为，水资源承载力是指在未来不同的时间尺度上，一定生产条件下,在保证正常的社会文化准则的物质生活水平下,一定区域(自身水资源)用直接或间接方式表现的资源所能持续供养的人口数量。

可以看出,以上定义要么是从水资源所能承载的最大人口数量进行定义,要么是从水资源承载力的适度人口数量进行定义,不同的研究背景和不同的研究目的导致这些学者所给出的定义各不相同。

2.2.4 水资源承载力的研究所经历的几个阶段

水资源承载力研究在我国开展得较多,尤其是近十年最盛,研究多集中在资源学科和地理环境学科领域,多数情况下是通过对某些影响因素综合分析从而对某一地区的水资源承载力进行评价。从水资源承载理论的整个发展进程来看,我国水资源承载力的研究大致经历了以下三个阶段。

第一阶段时间大致从 20 世纪 80 年代后期至 1995 年,这一阶段主要是水资源概念的形成阶段,以施雅风等对新疆乌鲁木齐河流域的水资源承载力的研究为代表,并且在研究过程中首次明确提出了水资源承载力的概念与评价模型。

第二阶段是 1996~2000 年,这一阶段属于水资源承载力的探索性研究发展阶段。这期间政府充分认识到水资源承载力对社会经济协调发展的影响,加大了对相关问题研究的支持力度,并且有更多的学者加入到对水资源承载力的研究当中来,国内学者在水资源承载力方面的探索性研究为我国水资源承载力全面、系统的评价奠定了基础。

第三阶段是 2001 年至今,此阶段是水资源承载力的系统性研究阶段,这一阶段,随着国内学者对相关问题更加深层次的研究,水资源承载力的定义和内涵在这一阶段得到了明确和界定,理论基础也得到了进一步的加深,并且更多的学者开始通过建立评价指标体系来分析影响水资源承载力的影响因素,此阶段水资源承载力的评价指标体系得到系统研究,评价模型也更加完善。

2.2.5　水资源承载力的评价模型

随着水资源承载力研究的逐步深入，水资源承载力评价模型在吸取了其他相关学科、相关研究成果的基础上得到了进一步的完善，常见的评价模型有下面几种：

（1）常规趋势法（Routine Trend）：是一种通过选择单项或多项指标来反映区域水资源承载力现状和阈值的一种统计分析方法。此方法的不足之处在于过多地考虑了单承载因子的发展变动趋势，而对于各承载因子之间的相互联系没有考虑，因此，此方法很难处理复杂系统之间的耦合关系，尽管如此，基于此方法对单因子承载状况的分析仍然对复杂系统的协调研究具有一定的借鉴意义。

（2）系统动力学法：是由美国麻省理工学院 Jay W. Forrester 教授于 1956 年提出的以反馈控制理论为基础、以计算机仿真技术为手段，采用定性和定量相结合的一种系统分析和综合推理相结合的一种方法。它的优点是可以很好地把握系统的各种反馈关系，是研究大系统运动规律的一种比较理想的方法。缺点是模型在建立时容易受建模者对系统行为水平认识的影响，并且模型中参变量比较多，不容易控制，可能会导致一些不合理的结果。

（3）多目标模型分析法：是通过选取能反映水资源承载力的指标，如人口、经济以及资源环境等，遵循可持续发展目标，追求系统最优化的一种分析方法。此方法的优点在于综合考虑了区域自然环境与周围资源环境的相互作用关系，并且决策分析中可考虑人类的不同目标以及价值取向，因此比较适合处理比较复杂的多属性多目标的决策问题。缺点在于各影响因子的权重多数是依据主观判断来确定的，因此此方法主观性较强。

（4）模糊综合评价法：是利用模糊数学对受多个影响因素制约的水资源承载力进行总体评价的一种方法。此方法的优点在于通过综合评价矩阵对水资源承载力进行多因素综合评价，克服了常规趋势法中仅考虑单因素承载力的局限性，更加全面地分析了水资源的承载状况。缺点在于运算过程中受主观因素影响会过多选取一些影响较大的因子，这样不仅会遗失一些有用的信息，而且也会导致评价结果具有一定的片面性。

（5）主成分分析法：是通过降维把影响水资源承载力的多个变量简化为少数几个综合指标的统计分析方法。此方法的优点在于通过主成分分析获得的几个综合指标不仅可以较好地保留原来指标中的信息，而且还可以消除各指标之间的共线性，此方法和多目标模型分析法相比，可以相对客观地确定各指标的权重，但是同样也会存在信息损失和不具有动态监测效果等问题。

（6）投影寻踪评价模型法：是将高维数据向低维空间进行投影，通过对低维投影数据分布结构的分析来研究高维数据分布特征的一种方法。此方法的优点是直观、可操作性强、分辨率高、赋权客观，结果稳定。缺点是在构建模型的过程中，最优投影方向难以选择。

（7）物元分析法：此方法是将待评事物的评价标准、评价指标和其特征值作为物元，并对评价标准和实测数据进行归一化处理，得到模型的经典域、节域、权系数和关联度，从而建立评价模型对水资源进行评价的一种方法。此方法不是单纯地考虑数量关系的迭代，而是通过最大限度地满足主系统、主条件，其他系统则采取系统物元变换、结构变换等方法，把不相容问题转化为相容问题的一种解决方法。

（8）密切值法：此方法是将所有决策方案指标值进行规范化处理，然后找出方案集的最优点和最劣点的距离，对各决策方案的优劣次序进行排序，从而将多指标转化单一综合值进行评价。此方法优点是目的明确，逻辑性强，计算简便，并且能提供准确的优劣次序。

（9）人工神经网络法：是将水资源承载力评价指标及其对应的级别作为训练样本输入神经网络反复学习，从而归纳出评价指标与评价等级之间的非线性关系，最后用训练好的网络模型对水资源承载力进行评价的一种方法。此方法的优点是具有自适应性特点，能有效地解决水资源系统中的非线性问题，计算结果更客观。缺点是建立的模型较复杂，收敛的速度慢，并且容易受局部极端值的影响。

（10）简单定额估算法：此方法是在计算出区域水资源的可利用量和用水定额的基础上，利用简单的供需平衡，计算出水资源的承载能力的一种方法。此方法的优点是方法简单，缺点是仅以估算的用水定额从供水量和需水量供需平衡计算水资源的最大承载力，不能全面地反映水资源的承载能力。

（11）背景分析法：此方法是在一定历史时段内对自然和社会背景相似的研究区域的实际情况进行对比，推算对比区域承载能力的一种方法。此方法的优点是只采用一个和几个承载因子进行分析，因子之间相互独立，因此此方法简单易行。缺点是此方法割裂了资源、社会、环境之间的相互联系，结果不一定符合实际。

在上述所介绍的方法当中，综合指标法、模糊综合评价法以及主成分分析法最终的目的是评价区域水资源的承载能力；系统动力学法、多目标模型分析法和投影寻踪评价法最终目的是用来研究区域在某种状态下水资源的承载状况；背景分析法、简单定额估算法最终的目的是通过寻求区域水资源最大承载力来判断水资源承载状况。以上每种方法都各有各的特点，没有哪种方法是"放之四海而皆准"的，很多学者在研究水资源承载状况时都是把这些方法结合起来使用，如付强在2003年将实码加速遗传算法与投影寻踪模型相结合，建立了水质评价投影寻踪模型，并利用此模型对长春南湖水的营养状况进行了评价；朱一军、夏军2004年将多目标情景分析法和综合评价法相结合，对西北地区的水资源承载力进行了评价；梁春玲2006年将模糊集理论与最大熵原理相结合，对肥城市的水资源承载力进行了评价；陈南翔、班培莉又利用此方法对河南省的水资源承载力进行了评价。

目前，水资源评价指标体系和方法存在的问题有：①大多数采用了涉及水资源承载能力的不同方面的多指标体系，指标类型过于繁杂，缺乏分析和筛选的过程，所以得到的结论实际上是反映水资源与社会经济的协调程度的，而并非水资源承载力本身。②大多数的研究忽视了人或者经济系统对水资源承载能力的反馈作用，很多研究是将人口、社会经济发展和资源与环境孤立看待。因此，在水资源承载能力的测度研究中应努力避免以上缺点，努力把水资源承载力的测度方法和地理信息系统和遥感等先进技术手段结合起来，更大程度地促进水资源与地理学、生态学等学科之间的研究。

2.2.6 水资源承载力评价指标体系

水资源承载力评价指标体系最初仅涉及单纯的水资源系统，随着研究领域的不断扩大，水资源承载力评价体系逐渐地向社会、经济、生态的综合系统方向发展，同时水资源承载力也逐渐地由静态评价向动态评价转变。目前国内外对水资源承载力的研究大致可分为两类：第一类是以传统的水资源供需平衡为基础发展起来的区域水资源承载力的评价，即首先计算出研究区域的水资源可利用量和用水定额，然后根据供需平衡计算水资源的承载能力；第二类是首先选定反映区域水资源承载能力的一些主要影响因素指标，然后在综合这些因素的基础上对区域水资源承载状况进行分析。两种方法各有优缺点，第一种方法的优点是简单、直观、能反映水资源的供需情况，但缺点是无法反映水资源系统、社会经济系统结构差异对区域水资源承载能力的影响。第二种方法的优点是能间接地反映区域水资源承载能力的相对大小，不能反映其绝对大小，也不能反映区域水资源系统的供需状况。基于这种情况，一些学者对上面的方法进行了一些改进，其中比较有代表性的是王友贞在文献［2］中对区域水资源承载力进行的研究，他结合水资源社会经济系统结构关系以及承载力指标构建的设计要求，将承载力指标分成了宏观指标和综合指标两大类。

其中，宏观指标描述的是区域水资源承载力的大小，用区域水资源能够支持的经济规模和人口数量来表示，其中，经济规模是用区域国内生产总值 GDP 与生产这些 GDP 所消耗的水量之比来表示，当所消耗的水量等于区域水资源可利用量时，此时水资源承载的经济规模达到最大；人口规模是根据研究区域某阶段所处的社会发展水平和该阶段国内生产总值进行计算的，一般情况下社会发展水平不同，人们的消费水平也不一样，因此，水资源支撑的人口规模和社会发展水平之间关系密切，社会发展水平一般用人均 GDP 表示。

综合指标反映的是水资源社会经济系统结构状态的指标，包括承载力指数和协调指数，其中，承载力指数由系统支持力指数和压力指数构成，反映的是水资源系统的承载状况,它是水资源系统与其所承载的社会、经济及生态环境系统相互比较的结果。承载力中的支持力是由区域水资源的数量、质量、可开发利用状况及其变化等6个指标来反映;承载力中的压力包括社会、经济和生态环境三个方面的压力,可选择20个指标来反映。协调指数反映的是区域水资源系统和社会、经济及生态环境的协调状况。协调指数既要反映水资源的变化对社会、经济、生态环境各子系统状态的影响,又要体现水资源社会经济系统总体协调状况,是反映系统结构状况的一个指标。协调指数可分为综合协调指数和水资源与社会系统、经济系统、生态系统的协调指标。其中,综合协调指数包括协调指数和水资源与社会系统、经济系统、生态环境系统的协调指数,包括水资源供需平衡指数、人均耕地面积、单位耕地水资源量、人均用水量、自然灾害损失率及其他资源综合指数等指标。

王友贞对上述指标的计算方法进行了讨论。

(1)宏观指标中经济规模和人口规模的计算。

1)区域水资源支撑的经济规模计算公式如下:

$$F_e = GDP/W_D \qquad (2.2-1)$$

式(2.2-1)中,F_e表示水量支撑的经济规模,是通过研究区域全部最终产品的总和与生产这些产品所用的水量相比得到的;W_D表示社会系统、经济系统用水总量;GDP表示用水总量为W_D时所产生的国内生产总值。

区域水资源承载力的最大经济规模计算公式为:

$$F_{em} = GDP/W_D \times W_S \qquad (2.2-2)$$

式(2.2-2)中,F_{em}表示水资源承载力的最大经济规模,W_S表示区域水资源可利用量。

2)区域水资源支撑的人口规模计算公式如下:

$$F_p = GDP/[GDPP] \qquad (2.2-3)$$

式(2.2-3)中,F_p表示在某一社会发展水平下,区域可利用水资源量转化成全部产品所能供养的人口规模,即水资源承载的最大人口规模;$[GDPP]$表示在某一发展水平下的人均GDP的下限。

(2)综合指标中承载力指数、协调指数的计算。由于综合指标包括承载力指数和协调指数,其中承载力指数又包括系统支持力指数和压力指数,而支持力指数可由区域水资源的数量、质量、可开发利用状况及其变化等6个指标来衡量；压力指数包括社会、经济和生态环境3个方面的压力，也需要多个指标因素进行衡量。因此，综合指标在计算时分单项指标计算、各层指标计算和综合指标计算。单项指标计算直接依据指标定义计算即可，如反映水资源支持力状况的指标中，单位面积水资源量就是一个单项指标，依据定义可通过当地水资源量除以国土面积得到，又如水质综合达标率也是反映水资源支持力状况的一个单项指标，可通过符合要求的水体总量除以多年平均当地水资源量得到等。这里仅对各层指标计算以及综合指标计算进行说明。

1）各层指标的计算模型如下：

$$Y = \sum_i W_i X_i \qquad (2.2-4)$$

式（2.2-4）中，Y 为各层指标的综合评价值；X_i、W_i 分别为第 i 个指标评价值和指标因子的权重。

2）承载力指数 CCI 的计算公式如下：

$$CCI = CCP/CCS \qquad (2.2-5)$$

式（2.2-5）中，CCP 指的是水资源系统的压力指数，CCS 表示水资源系统的支持力指数。

影响水资源支持力的因素很多，如可选择单位面积水资源量、水资源可开发利用率、过境水利用状况、水资源变差系数、水质综合达标率和水资源利用率等一些指标反映；以上指标称为单项指标，可依据单项指标的定义进行计算，最后对各单项指标利用各层指标的计算公式进行综合计算得到水资源系统的支持力指数。

水资源压力指数受社会系统、经济系统及生态系统三个方面的影响，每一方面的压力都可通过多项指标综合反映，如社会系统方面的压力可采用人口密度、人口自然增长率、城市人口比例、生态用水定额、人均GDP指数等反映；经济系统压力可通过人均GDP、GDP的增长率、第一产业比率、工业用水定额、工业用水重复利用率、灌溉覆盖率、灌溉用水定额等指标反映；生态系统压力可通过生态环境用水率、水污染综合指数、植被覆盖率、土地面污染率、湿地减少率、地面沉降状况等指标反映。上述指标均为单项指标，可依据单项指标的定义进行计算。压力指数在计算过程中，应首先计算各系统的压力指标，然后利用各层指标的计算公式综合计算压力指标。

当 $CCI > 1$ 时，水资源系统的压力指数 CCP 大于支持力指数 CCS，表明水资源系统处于超负荷承载状态；当 $CCI = 1$ 时，表明水资源系统的压力与支持力平衡，水资源承载力达到最大承载力状态；当 $CCI < 1$ 时，表明水资源系统的压力小于支持力，水资源利用处于可持续发展的状态。

水资源承载力指数反映的是水资源的承载状况，为了保证社会经济及生态环境的可持续发展，应确保水资源的压力指数不能超过支持力指数，即 $CCI \leq 1$。

3) 协调指数 CHI 的计算公式。

协调指数可分为综合协调指数和水资源与社会系统、经济系统、生态系统的协调指数。其中，综合协调指数可通过水资源供需平衡指数、人均耕地面积、单位耕地水资源量、人均用水量、人均其他资源综合指数、自然灾害损失率及其他资源综合指数等指标来反映。水资源与社会系统的协调指数可通过人均水资源量和饮水安全人口比例来反映；水资源与经济系统的协调指数可通过生产 GDP 的单位耗水量及污径比（平均废污水排放量/平均径流）来反映；水资源与环境系统的协调指数可通过生态环境缺水率和超采率（超采率即为超采的地下水资源量/地下水资源总量）来反映。计算方法和前面支持力指数的计算方法相同，先根据单项指标的定义计算各单项指标的取值，然后利用各层指标的计算公式进行综合计算。协调指数的取值范围为 0~1，协调指数 CHI 的取值越大，说明系统的协调性越好。

评价指标体系为我们全面评价区域的水资源承载状况提供了依据，但是我们也应该看到评价指标体系的不足之处，很多评价指标体系都存在以下两方面的问题：一是信息盈余或者信息缺失，完整的指标体系是由自然指标、经济指标、环境指标以及政策指标等所构成的一个综合指标体系，由于所涉及的数据类型多而杂，必定会出现数据不易获得的情况，信息的缺失会对最终的研究成果产生较大影响。二是在构建指标体系时过度偏向于人类的价值取向。尽管指标体系的构建是为人类服务的，但是对评价指标的选取不能以人类需求作为唯一的标准，应考虑水资源生态系统的客观性。

2.2.7 国内外学者在水资源承载力研究方面所存在的问题

近几年,随着政府对水资源承载力支持力度的加大,越来越多的学者加入到水资源承载力相关问题的研究当中来,随着研究的逐渐深入,在概念和内涵的界定、评级指标以及评价模型的建立方面都取得了一定的成果,但是仍然存在很多问题与不足,这些问题实际上就是我们将来对水资源承载力重点研究的方向。

(1) 理论基础薄弱,建立的评价指标体系不完善,评价标准不客观,并且评价方法偏重于数学领域。在水资源承载力的评价中,水资源指标体系和判别阈值是进行评价的关键,而这需要大量的水文机理实验和原型观测,但这些工作因为耗时、耗力,已经成为水资源承载力研究中相对薄弱的一个环节,因此要想在水资源承载力方面有较大突破,必须加强水文机理试验和原型观测这些基础环节的工作。

(2) 技术手段有待更新。缺少高效的数据收集、数据整理、数据分析以及空间优化配置手段使得水资源承载力的研究愈加困难,因此引进高效、先进的技术设备及手段是将来水资源承载力研究中首先要解决的问题之一。

(3) 将水环境承载力和水资源承载力研究有效结合的问题。水资源承载力和水环境承载力分析问题的角度不同,水资源承载力主要是基于水资源的优化配置及评价进行分析的,具有自然资源相关学科背景,是通过水系统能提供给经济社会多少水量及水资源的开发利用程度来研究对经济社会的支撑能力的,而水环境承载力研究不仅包括水资源供给能力的分析,而且还包括水环境纳污能力及相应的经济结构调整问题,水资源承载力和水环境承载力是相互联系的两个部分,不应该割裂开来,但目前的很多研究大多是从单一方面进行分析的,因此我们要从水资源承载力与水环境承载力的双重角度入手来处理水系统承载力的相关问题。

(4) 评价标准选取针对性不强的问题。水资源承载力评价研究包括三个基本要素:评价指标、评价标准及评价模型,目前关于评价指标及评价模型的讨论比较多,但是关于评价标准的选取的讨论比较少,因此寻找一套科学、客观、规范、系统的评价标准是研究区域水资源承载力首先要解决的一个问题。

（5）研究过程过于孤立。目前已有的研究成果都未将研究区域置于自然、社会、生态大环境中，研究过程相对孤立，并且没有考虑到上下游关系以及经济活动中虚拟水的调入和调出等因素对研究区域的影响，这些都对研究成果的精度有很大影响，因此应多层次、立体格局地对区域水资源的承载力问题进行研究。

2.3 矿产资源承载力

矿产资源是人类生存与发展的物质基础，我国是世界上矿产资源丰富、矿种配套齐全的少数几个国家之一。到目前为止，我国已发现163种矿产，探明储蓄的矿产有149种，其中能源矿产7种，金属矿产54种，非金属矿产86种，以及地下水和矿泉水。

据统计，我国具有优势的矿产是稀土、石膏、钛、钽、钨、膨润土、锡、芒硝、钒、重晶石、菱镁矿、锑、石墨、锂、钼、煤、铌、铍、硫、萤石、滑石、汞、磷、石棉24种；具有潜在优势的矿产为锌、珍珠岩、高岭土、耐火黏土、铝土矿5种；储量相对不足的矿产有银、铁、铜、金、硼、铀、石油、锰等10种；储量短缺的矿产为天然气、钾盐、铂、铬、金刚石、天然碱6种。

矿产资源承载力（Mineral Resource Carrying Capacity）是我国学者在20世纪90年代提出的，并随着矿产资源供需矛盾问题的出现而日益突出。国内学者徐强（1995）、王玉平（1998）等最早开始对矿产资源的承载力进行了研究，他们主要是从人口承载能力和经济承载力两个方面对矿产资源承载力分析研究，并分别以湖北和全国为例进行了实证分析。吕贻峰、徐大富等采用同样的评价指标和研究模型对阳新县、贵州省矿产资源的承载力进行了分析。另外，中国国土资源经济研究院规划室分别在天津市以及辽宁省国土规划的专题研究中，对矿产资源承载力进行了探索研究。国外对矿产资源承载力的研究的成果很少。

矿产资源承载力是从土地、水等自然资源的承载力研究扩展而来的，目前对其的研究还处于一个探索阶段，对矿产资源的承载力还没有一个确切的定义。从资源制约的角度出发，我们认为，矿产资源承载力指的是矿产资源所能够维持的人类生存以及人类经济活动的阈值。因此，矿产资源承载力可定义为：在一定的科学技术、自然环境及社会经济条件下，矿产资源所能够持续供养的人口数量和经济总量。

矿产资源承载力的评价模型主要有两种：矿产资源人口承载力和经济承载力。

2.3.1 矿产资源人口承载力评价

2.3.1.1 矿产资源人口承载力的计算

矿产资源人口承载力指的是一定时期某种矿产资源对人口规模的承载能力，或者说指的是矿产资源剩余可采储量所能够间接供养的人口数量。计算公式为：

$$C_p = \frac{R}{R_p} \tag{2.3-1}$$

式（2.3-1）中，C_p 为矿产资源人口承载力；R 为矿产资源剩余可采储量；R_p 为单位人均矿产品消费量。

需要说明的是：矿产资源经济承载力包括目前状态下的矿产资源承载力以及未来预测的矿产资源承载力。对于式（2.3-1），若 C_p 为现状矿产资源承载力，则 R 为现状矿产资源剩余可采储量，R_p 为现状单位人均矿产品消费量；若 C_p 为预测矿产资源承载力，则 R 为预测期末矿产资源剩余可采储量，R_p 为预测期末单位人均矿产品产量。

2.3.1.2 矿产资源人口平衡指标

矿产资源人口平衡指标指在一定时期内根据现有的矿产资源计算出来的矿产资源人口承载力与人口数量之间的比值。计算公式为：

$$F = \frac{C_p}{P} \quad (2.3-2)$$

式（2.3-2）中，F 为评价常数；C_p 为某时期矿产资源人口承载力；P 为同一时期的人口规模。若 $F < 1$，不能承载；反之，若 $F \geq 1$，能承载。

2.3.2 矿产资源经济承载力评价

矿产资源经济承载力指的是在一定时期内某种矿产资源对经济发展的承载能力或者说是一定时期内某种矿产资源的剩余可采储量所支持的经济规模。

2.3.2.1 矿产资源经济承载力

计算公式为：

$$C_E = \frac{R}{R_G} \quad (2.3-3)$$

式（2.3-3）中，C_E 为矿产资源的经济承载力；R 为矿产资源剩余可采储量；R_G 为单位生产总值（GDP）矿产消费量。

同样，矿产资源经济承载力包括现有矿产资源经济承载力以及未来预测的矿产资源经济承载力。对于式（2.3-3），若 C_p 为现有矿产资源经济承载力，则 R 为现有矿产资源剩余可采储量，R_p 为现有单位人均矿产品消费量；若 C_p 为预测矿产资源经济承载力，则 R 为预测期末矿产资源剩余可采储量，R_G 为预测期末单位 GDP 矿产资源消费量。

2.3.2.2 矿产资源经济承载力的平衡测度

计算公式：

$$F = \frac{C_E}{G} \quad (2.3-4)$$

式（2.3-4）中，F 为评价常数；C_E 为某时期的矿产资源经济承载力；G 为同一时期的生产总值。此指标反映了矿产资源经济的预期承载能力供给与需求之间的关系。若 $F < 1$，不能承载；反之，若 $F \geq 1$，能承载，并且 F 值越大，承载力越大。

2.3.2.3 保证年限

保证年限指的是假定矿产资源消费全部为自给的情况下,当前某种矿产资源的剩余可采储量所能保证的时间。计算公式为:

$$Y = \frac{R}{S} \tag{2.3-5}$$

式(2.3-5)中,Y 表示保证年限;R 表示矿产剩余可采储量;S 表示年矿产消费量。

2.3.3 矿产资源经济承载力的其他测度方法

除了上面所介绍的方法之外,中国国土资源经济研究院的王玉平、卜善祥也提出了一种关于矿产资源经济承载力的一种测度方法。此方法包括两部分:第一部分是关于矿产资源经济承载力的数量测度;第二部分是关于矿产资源经济承载力的平衡测度。具体方法如下:

2.3.3.1 矿产资源经济承载能力的数量测定

矿产资源经济承载力的数量测定也包括两部分:一部分是现有矿产资源经济承载能力;另一部分是矿产资源经济承载能力的预测。

(1)现有矿产资源经济承载力。现有矿产资源经济承载能力指的是现有经济可利用的矿产资源采储量能支持的国内生产总值量。计算公式为:

$$K_x = \frac{K_1 K_C - K_p K_n}{K_d} \tag{2.3-6}$$

式(2.3-6)中,K_x 为现有矿产资源经济承载能力;K_1 为可利用的矿产资源储备量;K_C 为矿产资源经济可利用系数;K_p 为期末矿产资源产量;K_n 为矿产品合理储备年限;K_d 为单位国民生产总值矿产品消耗量。

(2)矿产资源经济承载力的预测。计算公式为:

$$K_y = \frac{K_e K_C - K_f K_n}{K_d} \tag{2.3-7}$$

式(2.3-7)中,K_y 为矿产资源经济承载力的预测值,K_e 为可利用的矿产资源储备量的预测值,K_f 为期末矿产资源产量的预测值。

2.3.3.2 矿产资源经济承载力的平衡测度

(1) 现有矿产资源经济承载能力的平衡测度。指的是在一定时期内,根据现有的矿产资源量计算出来的矿产资源经济承载力与根据国家规划的经济发展速度计算的累计生产总值之间的平衡。计算公式为:

$$P_x = K_x - GNP_l \qquad (2.3-8)$$

式(2.3-8)中,P_x 为现有矿产资源的经济平衡值;K_x 为现有矿产资源经济承载力的预测值;GNP_l 为累计的国民生产总值。P_x 反映了现有矿产资源经济承载能力供给和需求之间的关系。若 $P_x > 0$ 时,说明现有矿产资源对经济发展具有足够的承载能力;若 $P_x < 0$,则说明缺乏承载能力。P_x 的取值越大越好。

(2) 矿产资源经济承载力平衡预测。平衡预测值用 P_y 表示,P_y 表示在一定时期内,根据预测的矿产资源量计算出来的矿产资源经济承载力与根据国家计划的经济发展速度计算出来的累计国民生产总值之间的平衡。计算公式为:

$$P_y = K_y - GNP_l \qquad (2.3-9)$$

式(2.3-9)中,P_y 为矿产资源经济平衡的预测值;K_y 为矿产资源经济承载力的预测值;GNP_l 为累计的国民生产总值。

上述指标反映了矿产资源经济的预期承载能力供给与需求之间的关系,若 $P_y > 0$,说明矿产资源经济的预期值对经济发展具有足够的承载能力;若 $P_x < 0$,则说明缺乏承载能力。P_y 的取值越大越好。

上述方法最大的优点是简明易算,可以对矿产资源的经济承载状况在整体上进行把握,缺点是方法过于粗略。目前,我们国家对矿产资源承载力的研究还处于初级发展阶段。

2.4 森林资源承载力

森林资源是国家经济建设、人民生产生活不可缺少的物质基础。森林承载力的研究开始于 20 世纪 80 年代末，目前关于森林承载力的理论和方法都还处于一个摸索探讨的阶段，还没有形成一套统一的理论。国内外对森林承载力的研究都比较少见。很多关于森林承载力的研究都是从土地承载力及人口承载力的方法中借鉴而来的。

国内学者吴静和（1990 年）首次讨论了森林承载力并给出了明确定义。她认为，森林承载力指的是在一定生产条件下，森林资源的生产能力及其在一定生活水平下可以承载的人口数量。不同学者所给出的定义的主要分歧在于承载的主体是人口数量还是社会经济活动。欧阳勋志 2003 年总结了以往研究的成功与不足，最终指出森林承载力的对象应该包括以上两个方面。他认为，森林承载力指的是在一定时期内，一定区域的森林对人类社会经济活动的支持能力的阈值及可供养的具有一定生活质量的人口最大数目。不管是哪个学者给出的定义，从他们给出的定义来看，学者们对森林承载力存在很多共识：①森林承载力研究必须以可持续发展为前提条件，即在对森林资源进行开发利用的时候，必须得保证森林环境不被破坏；②森林承载力研究是有时间规定的，我们必须在一定的时间范围内才能研究在一定的生活水平及消费结构下，森林资源所能够承载的人口数量及经济活动；③把资源看成是封闭的，不考虑人口或资源在区域间的流动。实际中，社会经济活动对森林资源的压力可以通过区域之间的资源互补进行缓解。所以森林承载力研究应该以开放的森林资源为研究对象。

在为数不多的森林资源承载力的研究中，早期的学者多数以评估某一区域的森林资源能够供养多少人或者满足多少人的需求为研究目的，后来，很多学者对森林资源承载力的定义进行了改进和拓展，并提出相应的模型及方法。

2.4.1　早期的森林资源承载力研究方法

国内学者徐德成将森林资源分成物质产品和非物质产品两大类，用木材、薪材、水果、干果的人均需求指标来代表森林的物质产品，以此评估森林资源的承载能力。同时以人均需求森林的面积来表示生态环境指标，以此评估森林资源承载能力。在具体的研究过程中，首先确定出不同时期的人均需求木材、薪材、水果和人均需求森林面积的标准,以及不同时期的人口数量;其次,通过预测得出不同时期四项经济指标的产量及森林总面积;最后,通过简单的对比得出各单项指标的人口数量及超载的人口数目。在分析过程中,由于只选取了四项指标,而且最后计算出来的是各单项指标满足人口需求的程度,没有复合成表示森林承载能力的综合指标,因此利用上述结果对区域的森林承载力进行预测不太合适。

苏喜友在明确森林承载力评价目的的基础上,也提出了一套新的评价森林资源承载力的模型,该模型包括以下三个等式:

$$FCI = \frac{FCQ}{FCC} \quad FCQ = g(RC_1, RC_2, RC_3) \quad FCC = f(T, S, H, Z)$$

模型中,FCI 为森林承载力指数,若 $FCI > 1$ 时,表示所研究区域的森林处于不可持续的发展状态;若 $FCI < 1$,表示森林资源处于可持续发展的状态;若 $FCI = 1$ 表示,研究区域的森林资源处于满载状态。FCQ 为森林承载量,被定义为人类活动在经济、生态和社会三方面对森林的综合作用大小,RC_1、RC_2、RC_3 分别表示人类活动在经济、生态和社会三个方面对森林的作用大小。FCC 表示森林承载力,是森林固有功能的表现,不仅和森林本身的结构功能有关,而且与外界的输入输出也有很大关系,因此,在计算公式中,分别用时间 T、空间 S、人类活动 H 和森林资源 Z 作为变量。

目前对森林承载力的研究还处于初级的探索阶段,方法的理论基础还非常薄弱,并且很多指标在实际中很难获得研究数据,使得关于森林承载力的方法应用起来非常受限。

2.5 环境承载力

2.5.1 环境承载力的提出

在一定条件下,某一区域的环境对人类社会、经济活动的支持能力有一个最大限度。我们赖以生存的环境是一个复杂的大系统，它既可以为人类活动提供空间和载体，又可以为人类的活动提供资源并容纳其废弃物。但是环境系统对人类活动的支持能力有一定的限度，我们必须在环境所能容忍的范围内进行各种活动。目前存在的诸多环境问题，大多数是由于人类活动与环境承载力之间出现冲突的表现。近几年，随着环境污染的蔓延，越来越多的学者认识到人类的经济活动给环境所带来的影响，因此科学家们提出环境承载力的概念。

国内较严格的"环境承载力"概念最早出现在《福建省湄洲湾开发区环境规划综合研究总报告》中，报告中指出，环境承载力指的是"在某一时期，某种状态或条件下，某地区的环境所能承受的人类活动的阈值"。定义中"某种状态或条件"是指现实的环境结构不发生明显向不利于人类生存和发展的方向进行改变的前提条件。由于环境所承载的是人类的活动（主要指人类的经济活动），因而承载力的大小可以用人类活动的方向、强度、规模等来表示。

环境承载力和环境容量的概念有所不同，环境容量指的是在人类生存及自然环境不被破坏的前提下，某一环境所能容纳的污染物的最大负荷量。环境容量仅仅反映环境吸纳污染物的能力，而环境承载力则是在环境容量的基础上更加全面地表示环境系统对人类活动的支持功能。

和土地承载力相比，环境承载力拓展了其研究范围，将大气、水环境等因素考虑进来，其主要目的是为环境规划、环境影响因素的评价提供相应的理论依据。总体来看，目前环境承载力研究主要是在土地资源承载力研究的基础上增加了环境容量因素，试图通过包括环境容量在内的资源方面的评价，来讨论人类活动和环境之间的和谐程度。

2.5.2 环境承载力的研究现状

著名的经济学家 Arrow 等于 1995 在 Science 上发表的《经济增长、承载力和环境》一文，引起了人们对环境承载力相关问题的高度关注。美国环保局于 2002 年对 4 个镇区的环境承载力进行了研究，并根据四个湖泊的环境承载力提出了保护和改善湖泊水质的建议。

国内学者对环境承载力也进行了大量研究。其中，彭再德认为，生态承载力指的是在一定的时期和一定的区域范围内，在维持区域环境系统结构不发生质的改变，区域环境不朝恶性方向转变的条件下，区域环境系统所能承受的人类各种社会经济活动的能力，它可以看作是区域环境系统结构与区域社会经济活动的适宜程度的一种表示。区域环境承载力会随着科技的进步以及人们对环境质量的要求的变化而变化，具有系统性、动态性和综合性的特点。区域环境承载力的评价研究大致包括以下几个步骤：①先构建环境承载力的评价指标体系；②对计算区域环境承载力大小的模型进行求解；③根据模型结果对区域环境承载力进行综合评估；④利用分析结论对区域社会经济活动的方向、规模及区域环境的保护提出相应的政策建议。对区域环境承载力的评价研究中，构建指标体系是关键。彭再德把指标体系中的指标因子分成两类：一类是发展类变量指标因子，即对区域社会经济活动起支持作用的环境资源条件，通常是用这些环境资源条件下的可开发利用量来描述；另一类是限制类变量指标因子，即对区域社会经济发展起限制作用的区域环境条件指标，通常是用社会经济发展规模的大小进行描述。彭再德在对区域环境承载力的指标因子进行分类的基础上，通过各项指标的灰色关联度模型及灰色预测模型对上海浦东新区的环境承载力进行了评价研究。

国内学者刘殿生以秦皇岛市为研究对象，采用单要素加权法对城市资源与环境的综合承载力进行了分析研究，刘殿生在研究中指出，一个城市的资源与环境的综合承载力由自然资源变量、社会条件变量、环境资源变量所决定，其中，自然资源变量包括水资源、土地资源、矿产资源、生物资源的种类、数量和开发量；社会条件变量包括工业产值、能源、人口、交通、通讯等；环境资源变量包括水、气、土壤的自净能力。

毛汉英等利用状态空间法和系统动力学模型对环渤海地区的资源环境承载力进行了分析，并对该区域今后的变化趋势进行了预测；毛洪章等2006年通过对武汉市环境承载力的研究解释了武汉市资源利用和环境影响之间的关系；林楠等2007年通过构建评价指标体系对辽宁省的区域经济和环境协调之间的关系进行了定量分析。

洪阳、叶文虎等专家也对环境承载力进行了大量的研究。并指出在对环境承载力进行综合评价时，可从以下几个方面构建指标体系：①自然资源支持力指标包括不可再生资源以及在生产周期内不能更新的可再生资源。如化石燃料、金属矿产资源、土地资源等。②环境生产支持力指标包括生产周期内可更新资源的再生量，如生物资源、水、空间等。③社会经济技术支持水平指标包括社会物质基础、产业结构、经济综合水平、技术支持系统等。环境承载力指标与经济开发活动、环境质量状况之间的数量关系非常复杂，一般很难确定，另外，由于所选取的指标不仅与人类的经济活动有关，而且还会受到很多偶然性因素的影响，这些都给环境承载力的研究带来了很大麻烦，因此关于环境承载力的量化研究目前仍没有突破性的进展，很多情况下，我们只是针对某一区域进行环境承载力的量化研究。

2.5.3 环境承载力的测度方法

环境承载力的测度方法有多目标综合评价方法和承载能力饱和度方法等。

2.5.3.1 多目标综合评价方法

多指标综合评价方法是目前环境承载力测度方法中最常用的一种方法。它的基本思路是先从影响环境的各种因素中挑出对目标区域有重要影响的因素，然后通过模糊评价法或主成分分析法等多元分析方法计算环境承载能力指数，通过环境承载能力指数评价承载能力的大小。国内学者潘东旭、冯本超从消耗类指标、支撑类指标和区际交流类指标三个方面确定了区域承载能力评价指标体系，并利用主成分分析方法对徐州市资源环境承载能力进行了分析，并根据结论提出了增强区域承载力的一些政策建议。

2.5.3.2 承载能力饱和度方法

承载能力饱和度方法是通过计算研究区域的环境饱和度来评价其环境承载状况的一种方法。承载能力饱和度是通过区域环境承载量与该区域环境承载量阈值进行对比所得到的，其中，环境承载量是指环境承载能力指标体系中各项指标的实际取值，环境承载量阈值是指环境承载量的预期取值。国内学者唐剑武、叶文虎选取二氧化硫、总悬浮颗粒物、化学需氧量、总磷浓度、噪声以及自然资源类的地下水开采量,单位绿地面积人群数、单位居住面积人群数等八项指标组成评价指标体系,通过计算环境承载饱和度,对山东省某市的环境承载状况进行了分析。

除了上述两种方法之外,洪阳等还提出了可持续发展下环境承载力的两种计量模型。

2.5.3.3 人口、经济、资源环境承载力评价模型

假设以 PP 表示区域内实际的人口数量;ES 表示社会经济技术人口容量;RE 表示自然经济人口容量。

则 $$ES = \frac{经济发展指标总量}{一定标准下的人均经济指标} \tag{2.5-1}$$

$$RE = \frac{自然资源拥有总量}{一定标准下的人均资源占有量} \tag{2.5-2}$$

在实际中,ES 采用国民收入指标,RE 采用发展中国家最具代表性的粮食产量指标,因此,式(2.5-1)、式(2.5-2)还可成如下形式:

$$ES = \frac{该区域国民收入总量}{全国人均国民收入总量} \tag{2.5-3}$$

$$RE = \frac{该区域的粮食总产量}{全国人均粮食占有量} \tag{2.5-4}$$

人口经济承载力指数:$e = PP/ES$,人口资源承载力指数:$r = PP/RE$。

当 $e<1$,$r<1$ 时,此时承载力处于盈余状态;当 $e=1$,$r=1$ 时,承载力处于临界状态;当 $e>1$,$r>1$ 时,此时表明承载力不足;当两个指数的加权平均值大于或等于 1 时,可认为该地区的承载状况是可持续的。

2.5.3.4 可持续环境承载力评价模型

实际的环境承载力指在某一时期、某种环境状态下,某区域人类社会经济活动实际利用的环境承载力。实际环境承载力用 $ECC_实$ 表示。

环境承载力可分别分成弱载、满载和强载三个级别,强载的情况下环境承载状况不可持续,因此环境承载力应该存在一个是否可持续的阈值,此阈值称为可持续环境承载力。

具体地讲,可持续环境承载力指的是在可更新自然资源的再生产力和不

可再生资源的开发替代能力建设方面取得综合平衡的前提下,选用可持续发展模式对 R、P、N 进行组合所产生的环境承载力大小,用 ECC_s 表示,即:

$$ECC_s = F(R_s, P_s, N_s) \quad (2.5-5)$$

式(2.5-5)中,R_s 为不可再生资源的替代技术开发能力和可持续利用量;P_s 为污染物允许排放量,环境纳污能力、可再生资源的持续利用量;N_s 为环境无害经济技术体系。

根据 ECC_s 和 $ECC_实$ 的取值可以对环境的承载状况进行判断,若 $ECC_s > ECC_实$,则发展可持续;若 $ECC_实 > ECC_s$,则发展不可持续。

可持续环境承载力是研究环境、经济、社会是否协调发展的一个重要依据,体现了环境系统对人类发展的全面支持功能。

2.6 经济承载力

2.6.1 经济承载力的研究现状

"经济承载力"(Economic Carrying Capacity,ECC)是由承载能力(Carrying Capacity)的概念发展演变而来的,其概念目前还未形成共识。由于各个学者的研究领域及研究目的不同,使得他们对经济承载力的解释也不尽相同。

Wetzel 运用福利收益曲线解释了什么是经济承载力,他指出,经济承载力指的是可持续生态系统所提供的最大地球经济福利,有限土地的生态系统特征以及经济变革的现状决定了地球的经济承载能力。Markandya 与 Perelet 则指出,在给定经济目标和生产力定义的前提下,经济承载力是由经济因素所决定的,并且在经济报酬最大化的前提,可以允许经济承载力有一定程度的退化。

王玉平等(1998)在给定矿产资源经济承载力的定义下,构建了评价经济承载力的指标体系和模型。梁智（2002）认为，经济承载力可以决定所研究区域在各方利益都得到满足的情况下所能够接待外来游客的最大数量。景体华、梁昊光（2005）则从城市的适度人口规模出发研究了人口的经济承载力。李玉江、陈培安（2007）基于广义福利的概念建立了环境经济承载力的分析模型，并利用动态规划方法给予求解。

郭志伟（2009）采用综合分析及专家咨询的方法，构造出由评价目标、子系统、子子系统、指标层四个层次组成的经济承载能力评价指标体系，通过指标层55个指标较全面地分析了影响经济承载力的各个影响因素。

2.6.2 经济承载力的测度方法

目前对经济承载力进行测度的方法有两种，一种是基于经济福利下的经济承载力的测度方法，另一种是基于国民财富下的经济承载力的测度方法，下面对这两种方法分别予以介绍。

2.6.2.1 基于经济福利下的经济承载力的测度方法

此方法的基本思想为：先计算研究区域内每个核算期的国民福利水平，然后根据个体人均正常生活水平所对应的福利水平测算该区域经济所承载的人口数量。计算公式为：

$$经济所承载的人口数量 = \frac{总经济福利水平}{人均经济福利水平} \quad (2.6-1)$$

反映经济福利水平的指标有以下几种：

（1）国内生产总值 GDP 和国民生产总值 GNP。这两者之间的关系：GNP 是以 GDP 为基础，经过适当的调整所得到的，GNP 等于 GDP 加上来自国外的要素收入净额，GNP 的主要部分来自于 GDP。

（2）绿色 GDP 指标及其衍生品。近几年来，由于环境的逐渐恶化，越来越多的人开始注意到用绿色 GDP 来衡量一个国家的经济发展状况，绿色 GDP 及国内生态产出（EDP）等环境经济核算指标在全世界范围内得到了公众及政府部门的广泛关注，传统的 GDP 忽略了自然资源的价值，没有将环境、资源和经济统一起来，绿色 GDP 的给出为生态环境的可持续发展提供了基础。

(3) 真实储蓄。真实储蓄是在国民净储蓄的基础上进行计算的。国民净储蓄＝国民总收入－公共与私人部门消费－经常性转移净支付－固定资产折旧。但是，在上述计算公式中国民净储蓄只包含了教育总支出中的固定资本部分，其余的教育支出被认为是消费。从人力资本的角度来看，这种做法不太合适，因此，在教育支出中的工资和薪金收入应该加入国民净储蓄中，同时要减去建筑物及设备投资。在上述结果的基础上，进一步减去自然资源损耗和污染造成的损失，最后得到的结果即为真实储蓄。

(4) 经济福利测度指标。经济福利测度指标（Measure of Economic Welfare，MEW）由威廉·诺德豪斯和詹姆斯·托宾提出，被认为是以经济福利为目标的，对以 GDP 为核心的国民经济核算体系所进行的全面调整的最早的尝试之一。

(5) 可持续经济福利指数。可持续经济福利指数（Index of Sustainable Economic Welfare，ISEW）最早是由戴利和科布所提出的，它是基于国民生产总值 GNP，以私人消费支出为起点，然后从收入不均等、非预防性公共支出、资本增长、对福利的非货币化贡献、私人的预防性支出、环境降级的成本及环境资本存量的折旧等多个方面进行调整，从而使其更好地反映可持续经济福利状况的一个指标。

(6) 真实发展指标。真实发展指标（Genuine Progress Indicator，GPI）和 ISEW 一样，都是以私人消费支出为起点，然后从收入不均等、社会环境成本和非市场生产等方面进行调整。和 ISEW 相比，GPI 中添加了志愿活动、原始森林资源损失和闲暇指标。

2.6.2.2 基于国民财富下的经济承载力测度方法

此方法的思路是：先计算出区域内每一个核算期的国民财富水平，然后根据相应的个体人均财富标准水平测算该区域经济所能承载的人口数量。

目前对国民福利的测算方法比较权威的是世界银行的做法。该方法认为国民财富由三部分构成：生产资本、自然资本和无形资本，下面分别对国民财富及其三个组成成分的计算方法进行简单介绍。

(1) 国民财富的计算。计算公式如下：

$$W_f = \int_t^\infty C(s)e^{-r(s-t)}ds \qquad (2.6-2)$$

式（2.6-2）中，$C(s)$ 为第 s 年的消费水平；r 为社会投资回报率，这里 $r = \rho + \eta \dfrac{\overline{C}}{C}$，其中，$\rho$ 表示纯时间偏好利率，η 为关于消费的耐用弹性。

（2）生产资本的计算。生产资本是机械设备、建筑物和城市土地的总和。对机械设备和建筑物资本存量的估算一般采用累积方法。这些方法费用小且执行比较容易，因为它们只需要投资数据和资产服务寿命及折旧方式的有关信息。城市土地的价值是依据机械设备和建筑物的一定百分比进行计算的。

（3）自然资本的计算。自然资本包括非再生资源（石油、天然气、煤和矿产资源）、耕地、草原、林地和自然保护区。大多数自然资本采用资源租金的现值进行定价。计算公式如下：

$$V_t = \sum_{i=t}^{t+T-1} \frac{\pi_i q_i}{(1+r)^{i-t}} \qquad (2.6-3)$$

式（2.6-3）中，V_t 为资源租金的现值；$\pi_i q_i$ 为时刻 i 时的经济利润或总租金，其中 π_i 为单位租金，q_i 为产量；r 为社会贴现率；T 为资源寿命。

（4）无形资本的计算。由于总财富等于生产资本、自然资本、无形资本的和，因此无形资本等于总财富减去生产资本与自然资本的和。

（5）经济承载力的计算。计算公式如下：

$$\text{经济所承载的人口数量} = \frac{\text{国民财富总量}}{\text{人均财富水平}} \qquad (2.6-4)$$

根据式（2.6-4）可看出，经济承载力的测度实际上是一种长期提供国民财富能力的测度，由于相同水平下自然资本、生产资本以及无形资本在长期经济增长中的作用不完全相同，因此我们还可以通过确定它们之间的折算比例系数来计算经济承载力。经济承载力测度方法的特点是：以传统的经济测度方法为基础，将环境、资源、人力资本等因素作为制约经济发展的主要影响因子纳入到经济承载力的计算中来，从而能更加充分地反映经济的可持续发展状况。

本章小结

本章主要对土地资源、水资源、矿产资源、森林资源等单因素承载力的定义、研究现状及研究方法等进行了介绍。

2.1 节介绍了土地资源承载力的国内外研究现状，以及土地资源承载力的计算方法。

2.2 节介绍了水资源的研究现状，水资源承载力研究所经历的几个阶段，水资源承载力的评价方法，以及水资源评价指标体系的构建。

2.3 节介绍了矿产资源人口承载力以及矿产资源经济承载力的评价方法。除此之外本节还介绍了中国国土资源经济研究院王玉平、卜善祥所提出的关于矿产资源经济承载力的测度方法。

2.4 节介绍了森林承载力的评价方法。

2.5 节介绍了环境承载力的定义、研究现状及测度方法。测度方法中除了对常用的多目标综合评价方法和承载能力饱和度方法进行介绍之外，还对洪阳等人所提出的人口、经济、资源环境承载力评价模型及可持续环境承载力评价模型进行了详细讨论。

2.6 节介绍了经济承载力的国内外研究现状及基于国民财富下和基于经济福利下经济承载力的测度方法。

第3章　单因素承载力实证分析

3.1　郑州市土地资源承载力分析

传统意义上的土地资源承载力是根据环境因子潜力结构、植被潜力结构和系统动力学方法计算出土地生产潜力，在此基础上计算土地资源承载人口的数量，即土地资源承载力。传统意义上的土地资源承载力研究仅局限于耕地，承载对象也仅仅局限于人口规模和人口消费压力。土地资源综合承载力和传统意义上的土地资源承载力的区别就在于研究领域和承载对象不同。土地资源综合承载力的研究领域除耕地外还包括土地资源系统中的建设用地、园地、林地、牧草地、工矿用地、水域及城镇居民点、交通用地、未利用土地等；承载对象除了人口规模和人口消费压力外还包括人类的各种社会、经济活动，比如承载的城市建设规模、经济产值、交通规模、就业容纳力、土地的潜育化能力、生态环境质量等。因此，土地资源综合承载力之所以区别于传统意义上的土地资源承载力，在于土地资源综合承载力研究中"土地"指的不仅仅是"耕地"，并且"承载物"不仅仅是"人"，而是人类的各种社会经济活动。

本节从土地资源人口承载力、土地资源建设规模承载力、土地资源经济承载力、土地资源生态承载力四个方面，利用郑州市2013年相关数据，对郑州市土地资源综合承载能力进行了评价和分析。通过对郑州市土地资源综合承载力的评价分析，了解郑州市土地资源对于人口增长、经济建设、生态平衡等的支撑程度以及目前郑州市的土地开发利用情况，为郑州市建立和谐、稳定、持续发展的人地关系提供科学的理论依据。

3.1.1 郑州市概括

郑州市作为河南省的省会城市，不仅是中国三大商品交易中心之一，同时也是国家重要的综合交通枢纽、中原经济区及中原城市群的中心城市。国务院批复的《中原经济区规划》指出建设郑州都市区，将郑州定位为立足中原的大都市。

郑州市位于河南省中部偏北，东经112°42′~114°14′，北纬34°16′~34°58′，北临黄河，西依嵩山，东南为广阔的黄淮平原。东西宽166公里，南北长75公里，全市总面积7446平方公里，其中郑州都市区规划面积1700平方公里，郑州市区面积1010.3平方公里，截至2013年末郑州市人口903.1万人，城镇人口589.6万人。郑州市中心城区总体规划面积约980平方公里，北至黄河，南至绕城高速，东至京港澳高速，西至绕城高速。规划定位为古今文化交融之城、商贸会聚活力之城、水绿宜居生态之城。

郑州雄踞中原腹地，是中国铁路、公路、航空、信息兼具的重要综合性交通通讯枢纽之一。京广、陇海两大铁路干线在此交汇，107、310国道和郑、汴、洛高速公路在此穿过；拥有亚洲最大的货车编组站，拥有中国新郑国际机场；邮政、电信业务总量居全国前列。郑州是中原地区通向世界的重要门户。

郑州是中华民族和华夏文明的重要发祥地。作为中国八大古都之一和世界历史都市联盟成员，3600年前，曾为商王朝的重要都邑，历史上五朝为都、八代为州。辖区有文物古迹10315处，国家级重点文物保护单位74处80项，省级重点文物保护单位95处，黄帝故里、商城遗址、中岳嵩山、少林寺及世界文化遗产登封"天地之中"历史建筑群等人文自然景观名扬海内外。

郑州地上、地下资源丰富。盛产小麦、玉米、稻谷、棉花、烟叶、花生、芝麻、水果等粮食作物和经济作物，新郑大枣、中牟大蒜、黄河鲤鱼等特产也闻名中外；矿产资源丰富，现已探明矿产有34种，铝矾、耐火黏土等储量丰富，具备良好的开采条件。

当前，郑州已经站在了新的战略起点。未来五年，郑州市将抢抓中原经济区和航空港实验区建设两大历史机遇，加快产业结构调整和经济发展转型，着力奠定综合交通枢纽基础、现代产业基础、可持续发展的生态基础和良好的政务环境基础。到2018年，郑州将在全省率先全面建成小康社会，初步建成自然之美、城乡和谐的现代化都市区，初步确立以国际化、现代化立体综合交通枢纽为特征的国家中心城市地位。

3.1.2 土地资源综合承载力

这里从土地资源人口承载力、土地资源建设规模承载力、土地资源经济承载力、土地资源生态承载力四个方面对土地资源承载力进行综合评价。

3.1.2.1 土地资源人口承载力

有限的土地面积所能供养的人口问题早在20世纪70年代前就受到广泛关注，之后由于人口的快速增长，人口问题日益凸显，土地资源的承载力也越来越受到瞩目。在1948年，美国学者威廉·福格特（William Vogt）在《生存之路》中首次提出土地资源人口承载力（Population Supporting Capacity of Land，PSCL）的问题，他认为，土地资源人口承载力就是土地提供饮食和住所的能力。而真正的土地资源承载力的研究始于1979年联合国粮农组织完成的《发展中的世界土地潜在人口承载能力》(《Potential Population – Supporting Capacity of Lands in the Developing World》)。之后联合国教科文组织将土地资源人口承载力扩展到整个资源领域，并定义为："一个国家或地区的资源承载力是指在可以预见的时期内，利用本地的能源和其他自然资源以及智力、技术等，在保证与其社会文化准则相等的物质生活水平下，所能够供养的人口数量。"

国内关于土地资源人口承载力的研究始于20世纪80年代中期，随着我国学者对土地资源人口承载力研究的不断深入，不同学者都对土地资源人口承载力进行了定义。

封志明认为，土地资源人口承载力"是指一定地区的土地所能持续供养的人口数量。"中科院自然资源综合考察委员会为土地资源人口承载力下的定义为："在一定生产条件下土地资源的生产能力和一定生活水平所能承载的人口限度。"也有学者认为："土地资源人口承载力是指一定区域在未来不同时间尺度上，以预期的技术、经济和社会发展水平及与此相适应的物质生活水平为依据，一个区域利用其自身的土地资源所能持续稳定地供养的人口数量。"或者"土地资源人口承载力是指在未来不同时间尺度上，以预期的技术水平、经济发展水平以及与此相适应的物质生活水准为依据，一个国家或者地区利用其自身土地资源所能持续、稳定供养的人口数量"。或者"土地资源人口承载力是指在一定时期，一定空间区域，一定的社会、经济、生态环境条件下，土地资源所能承载的人类各种活动的规模和强度的限度"。

综上所述，随着对土地资源人口承载力研究的不断深入，土地资源人口承载力开始从单一的以土地持续供养的人口数量为衡量标准，逐渐完善为从时间、空间、生产技术水平、社会发展程度等多种因素，综合考察一个地区的土地资源依靠其自身条件所能持续、稳定供养的人口数量。

3.1.2.2 土地资源建设规模承载力

土地资源建设规模承载力指的是在一定的社会经济发展需求和城市基础设施条件下，建设用地上所能够承载的建筑规模及强度界限，一般用建筑容积率来表示。土地资源建设规模承载力和土地扩张强度、单位面积投资强度等指标一起反映了土地集约利用程度。

3.1.2.3 土地资源经济承载力

土地资源经济承载力表达的是在一定的经济技术条件和城市区位条件下，城市土地的经济价值产出能力，土地资源经济承载力反映了城市的经济规模和增值潜力，一般用单位用地的经济效益等指标表示，是评价城市土地利用效益的重要指标。

3.1.2.4 土地资源生态承载力

土地资源生态承载力是指在一定的区域环境条件下，保持生态性能稳定和趋于良好所需的生态用地限度。其中，生态用地一般用森林和城市绿地等代表，因此，土地资源生态承载力可用最佳森林覆盖率和合理城市绿地覆盖率等表示。

3.1.2.5 土地资源承载力综合评价

通过对上述四个方面土地资源承载力的综合评价，可以全面了解研究区域的土地资源承载状况，准确反映土地资源系统与人口系统、农业生产系统、消费系统、经济社会系统、生态系统之间千丝万缕的关系，从而为促进区域土地、人口、经济和环境协调发展提供理论依据。

3.1.3 郑州市土地资源人口承载力分析

这里分别采用传统土地资源承载力分析方法和土地资源承载力综合分析方法对郑州市的土地资源人口承载力进行分析。传统方法和综合分析方法的区别在于：传统方法中土地资源仅仅考虑了耕地，而综合分析法中土地资源不仅包括耕地，还有建设用地、林地、园地、林地、牧草地、工矿用地等。

3.1.3.1 郑州市耕地资源人口承载力评价

（1）耕地资源人口承载力评价。耕地是一个城市生态系统和绿色空间的重要组成部分，也是人类得以生存的重要保障。进行耕地人口承载力研究的主要目的在于分析耕地对于一个城市粮食安全、生态安全以及区域可持续发展的保障能力。

（2）耕地资源人口承载力指标体系的构建。这里我们以农村人口人均粮食占有量、农业劳动生产率两个指标构建耕地资源人口承载力的指标体系，对郑州市的耕地状况进行评价。

1）农村人口人均粮食占有量。作为拥有919.1万人口的大城市，郑州市2013年底的耕地面积为545.1万亩，占全部土地资源的48.8%，人均占有耕地面积0.59亩，低于世界人均耕地0.8亩，是全国人均耕地1.43亩的41.3%。随着人口的增加和适宜开垦的耕地后备资源日趋减少，郑州市的耕地保护形势仍十分严峻。郑州市耕地应先保证本市农村人口的粮食消费需求，这是郑州市耕地保护的底线，在此基础上满足部分城市人口粮食需求，其余工业与饲料用粮等可通过市场外调解决。因此，以小康水平为标准，将郑州市农业人口人均粮食占有标准定为400千克,作为耕地人口承载力的评价指标之一,这也是我国粮食安全的主要标准之一。

2)农业劳动生产率。对于郑州,耕地除本身的生产功能与生态功能之外,更重要的是作为农业人口主要的生产资料与生存来源,具有吸纳农村人口就业、保障社会稳定的功能。根据郑州市农业生产力的发展状况确定每个农业劳动力能够耕种的土地数,即农业劳动生产率。按照年均农民收入达到3580元,每亩产出500元计算,郑州市每个农村劳动力应该占有耕地7亩。根据这一指标可测算出郑州市耕地资源能够承载的农业劳动力,这对于农村剩余劳动力的转移具有重要参考价值。

(3)耕地资源承载力的评价。2013年底郑州市耕地总面积545.1万亩,农业劳动生产率为7亩/人,即按照每个农村劳动力可耕作7亩耕地计算,郑州市耕地资源可承载的农业人口数为77.87万人,而目前农林牧渔业从业人员大约为98万人,因此,至少有20.13万人的从事第一产业的劳动力处于隐性失业状态,超载率达到20.5%,大约有20.13万的农村剩余劳动力需要往第二、三产业进行转移(参见表3-1)。

表3-1 按照劳动生产率标准计算的郑州市耕地人口承载力

年份	耕地面积 (万亩)	农业劳动生产率 (亩/人)	农业从业人口 (万人)	可承载人口 (万人)	超载农业人口 (万人)	超载率 (%)
2013	545.1	7	98.0	77.87	20.13	20.5
2012	437.8	7	99.1	62.54	36.61	36.9
2011	426.8	7	100.3	60.97	39.33	39.2
2010	443.8	7	101.0	63.40	37.60	37.2

近几年来随着郑州市粮食产量的不断增加,郑州市耕地人口承载力不断上升。以国家区域粮食安全标准人均粮食占有量400千克进行衡量,自2010年来,郑州市耕地不但可以满足当地农村人口粮食的需求,同时也承载了一部分城镇人口。

3.1.3.2 郑州市土地资源人口承载力评价

(1)土地资源人口承载力指标体系的构建。这里选取市域、中心城两个不同的城市空间范围的人均用地作为评价指标构建土地资源人口承载力指标体系，对郑州市的土地资源人口承载状况进行评价分析。

1）市域人均用地。郑州市区域指的是整个郑州市行政辖区范围，包括6个市辖区（金水区、二七区、中原区、惠济区、管城回族区、上街区），5个市（荥阳市、巩义市、登封市、新密市、新郑市），1个县（中牟县）以及郑东新区、郑州高新区、郑州经开区、郑州航空港实验区（新郑综合保税区）和郑州出口加工区。

人均市域面积：2013年，郑州市域总面积7446.2平方公里，人口密度为1051人每平方公里（按常住人口708.2万人计算），人均市域用地面积951.47平方米。

人均建设用地面积：2013年，郑州市域建设用地面积1394.1平方公里，常住人口708.2万，人均市域建设用地面积196.85平方米。

2）中心城区人均用地。中心城区一般是指城市行政区内政治、文化中心功能和重要经济功能聚集区。郑州市中心城区包括主城区（金水区、二七区、中原区、惠济区、管城回族区、上街区）的市区范围。

人均中心城区面积：2013年，郑州市中心城区总面积1010.3平方公里，人口密度为4207人每平方公里（按常住人口425万人计算），人均中心城区用地面积237.69平方米。

人均城市建设用地面积：2013年，郑州市中心城区建设用地面积460.52平方公里，常住人口425万，人均中心城区建设用地面积108.3平方米。

（2）评价标准。依据郑州市自然地理条件、城市性质及未来发展目标，根据有关标准，参考先进城市的做法，确定郑州市不同城市空间范围的人均用地标准。

1）市域人均用地标准。市域人均用地面积：2013年郑州市人均用地951.47平方米，与其他大城市相比，郑州市人均用地略大于大城市水平。如北京人均用地1099平方米（2004），上海478平方米（2001）、香港159平方米（2003）、东京170平方米（2003）、新加坡202平方米（2001）。

人均城镇建设用地面积：建设部城镇人均使用面积指标，要求城镇人均建设用地面积为105~120平方米。郑州市市域人均城镇建设用地面积196.85

平方米,远远高于建设部规划的人均用地标准。

2)中心城区人均用地标准。2013 年郑州市中心区人均建设用地 108.3 平方米,属于国家Ⅳ级用地标准,与其他大城市人均市域面积和人均中心城区面积相比,处于一个较好的阶段。

表 3-2　城市用地分类与规划建设用地标准

指标级别	用地指标(平方米/人)	指标级别	用地指标(平方米/人)
Ⅰ	60.1~75.0	Ⅱ	75.1~90.0
Ⅲ	90.1~105.0	Ⅳ	105.1~120.0

(3)现状评价。

1)市辖区人口承载力:郑州市辖区面积 7446.2 平方公里,山地面积 2377 平方公里,约占土地总面积的 31.9%。2013 年全市建设用地面积为 1394.1 平方公里,占全市土地总面积的 18.7%。

表 3-3　按照不同标准计算的郑州市土地承载力

总面积(平方公里)	可利用面积(平方公里)	按国际标准计算的土地承载力(人口:万)		按国内标准计算的土地承载力(人口:万)	
		140 平方米	200 平方米	105 平方米	120 平方米
7446.2	1394.1	995.8	697.05	1327.7	1161.75

2)中心城区人口承载力:2013 年郑州市中心城区面积为 1010.3 平方公里,按照人均中心城区用地标准每人 120 平方米计算,可承载人口规模 841.9 万人,而 2013 年实际中心城区人口规模为 425 万人。

(4)基本结论。如果以国际标准计算,整个郑州市土地的承载力是 697.05 万~995.8 万人,如果以国内标准计算,那么整个郑州地区土地的承载力是 1161.75 万~1327.7 万人。根据 2013 年常住人口现状 708.2 万人来看,无论是以国内标准还是以国际标准来算,郑州市整个区域的土地相对于现状人口来说还存在一定的富余。

郑州市现有城镇建设用地比较富足。2013 年郑州市人均建设用地 108.3 平方米。2013 年,上海人均建设用地面积为 48.3 平方米,天津为 64.3 平方米，北京为 70.9 平方米，广州为 76 平方米。参考世界大城市市区人均用地，汉堡 195 平方米，慕尼黑 136 平方米，伦敦 116 平方米。郑州市与国内城市相比，人均建设用地占有优势，但与国外城市相比还有一段距离。

3.1.4 土地资源建设规模承载力分析

土地资源综合承载力和传统意义上的土地资源承载力相比，土地资源的承载对象除了人口之外，还包括对建筑物的承载。土地资源建设规模承载状况能够反映城市土地资源的集约利用水平，对于我们了解城市人口及用地规模，协调社会经济环境具有重要的意义。

3.1.4.1 评价指标

我们一般采用容积率对土地资源建设规模承载力进行评价分析。

所谓容积率指的是建造房屋建筑总面积与对应的土地面积之比率，用式子表示，即：

容积率 = 总建筑面积 ÷ 总用地面积

容积率是城市建设用地使用强度的综合性技术经济指标，反映了城市土地合理使用程度，影响容积率的主要因素有建筑高度和建筑密度。一般来说，建筑高度和建筑密度的取值越大，则容积率越高，因此，我们可以用容积率作为评价建筑规模承载力的重要指标。

3.1.4.2 评价标准

若利用容积率对城市的土地资源建设规模承载力进行评价，就要给出最佳容积率和合理容积率。从经济学的角度来看，由于物业售价和边际成本的影响，理论上存在一个最佳容积率。而合理容积率不同于最佳容积率，一方面要考虑经济效益，另一方面，更要考虑社会效益和环境效益，要实现经济效益、环境效益、社会效益的统一。从城市的可持续发展角度出发，寻求一个合理的城市容积率比最佳容积率更为重要。

一个城市的综合容积率指的是一个城市在建成区范围内，房屋建筑面积与建成区总面积的比率。20 世纪 80 年代以来，我国城市建筑综合容积率呈不断上升趋势。从城市土地利用情况的角度来看，城市建筑综合容积率的提高，很大程度上意味着提高了城市土地的利用率，充分挖掘了城市土地的潜力，从而使得城市土地的使用从粗放型向集约型转变，充分体现了城市土地的价值所在。

但单纯用容积率来衡量土地的使用效益，并不一定能保证城市的人口、环境、经济各个方面得到协调发展。例如，巴黎中心区及亚洲的东京、首尔、香港等城市由于土地稀缺、人口过密，用提高城市中心区建筑层数来降低建筑密度，容积率多在2以上，局部区域如我国香港地区的中环地区已达8.0左右，造成城市高楼林立、交通拥挤、地价畸高等问题。我国国内的一些大城市如上海中心区、深圳罗湖区也由于容积率过高出现了交通拥挤，空气污染、景观破坏等诸多社会环境问题。由于容积率过高会导致城市功能形态的紊乱以及城市生态形态的破坏，因此在一定社会经济发展阶段，在一定的城市功能及生态环境要求下，我们要确保城市的建筑容积率在一个合理范围之内。相比之下，许多欧美国家城市在土地资源较丰富的条件下，城市建筑更多的是突出个性化及人性化，除商业区外建筑容积率普遍不高。

2004年1月1日北京市发布了《控规调整和审查技术指标参照标准》，该标准对居住类和非居住类项目的标准容积率和高限容积率进行了规定。根据中国城市规划设计研究院宋启林等的研究成果，城市容积率可分为高、中、低三个层次，高容积率区一般为1.3~3，主要用于商业中心；中容积率区一般为0.8~1.2，主要用于住宅、文教体卫、公共及公益事业；低容积率区一般为0.8以下，主要用于别墅区、园林区、市政设施、港口、铁路等。而城市建成区综合建筑容积率一般可规划为0.4~0.5，特殊情况下最高不应超过0.61。

综合考虑上述几个因素，再结合郑州市本身的地域特征，郑州市建成区综合容积率保持在0.4~0.6较为合理。

3.1.4.3 土地资源建设规模承载力现状评价

2013年，郑州市建成区面积382.7平方公里，综合容积率为0.38，仅高于北京综合容积率0.37（全国排名27位）。低于上海（0.93）、重庆（0.51）、天津（0.40）三个直辖市，甚至低于全国城市平均容积率0.5。

综合容积率低表明了郑州市城市土地集约度不高,城市空间的承载量不够,土地建造还有一定潜力可挖掘。

表3-4 郑州市建筑综合容积率变动状况

年份	市区面积（平方公里）	建成区面积（平方公里）	年末实有房屋建筑面积（万平方米）	建成区综合容积率	全国城市综合容积率
2013	1010.3	382.7	14723.6	0.38	0.50

3.1.5 郑州市土地资源经济承载力分析

从土地资源的角度出发分析郑州市土地资源利用与开发的现状及前景,并通过对郑州市城市土地资源增值潜力的评价,对土地资源的开发和利用进行调整,预测郑州市经济规模的发展潜力,取得综合开发效益提出建议。

3.1.5.1 评价指标的选取

这里我们选取地均GDP和地均从业人口作为评价土地资源经济资源承载力的评价指标,对郑州市的土地资源经济承载力进行分析。

地均GDP是每平方公里土地创造的GDP,反映了土地的使用效率。地均GDP是一个反映产值密度及经济发达水平的极好指标,它比人均GDP更能反映一个区域的发展程度和经济集中程度。地均GDP的意义在于能够体现出城市土地在经济发展过程中所起的作用。一般来说,单位土地面积的GDP越高,土地资源的经济承载力越大。

地均从业人口表示单位土地面积的从业人口。地均从业人口从侧面表现了土地资源的社会就业效用。一般来说,单位面积的从业人口数量越大,土地资源的经济承载力越高。

3.1.5.2 评价标准

由于区域经济的不断发展,城市土地的经济产出在理论上没有最高界限。虽然为了保证社会经济、人口、环境的协调发展,一个地区在一定社会经济发展阶段,应该存在一个较为理想的、合理的经济产出值,但通常这些经济发展指标都是以人均 GDP 为标准进行衡量的。我们可以通过对地均 GDP、地均就业人口这几个指标之间的比较,来反映郑州市不同区域之间或者是郑州市和其他城市相比所存在的一些问题。因此,对于土地资源的经济承载力,在此不设标准。

3.1.5.3 总体评价

(1) 郑州市土地资源经济承载力较弱,城市土地增值潜力很大。2013年,郑州市全年实现地区生产总值 6201.9 亿元,地均 GDP 为 8328.95 万元每平方公里。2013 年,郑州市就业人口为 497.5 万人,地均就业人口 668 人每平方公里,远远低于国际、国内其他一些大都市和同等规模城市的水平。

从建设用地的角度分析,2013 年全市建设用地面积 1394.1 平方公里,二、三产业增加值 6054.9 亿元,建设用地产出率为 4.34 亿元每平方公里。

2013 年郑州市 GDP 是 6201.9 亿元,其中市区实现增加值 3335.7 亿元;郊区实现增加值 2866.2 亿元。以郑州市域总面积 7446.2 平方公里计算,市辖区以内的市区面积为 1010.3 平方公里;市辖区以外区域面积为 6435.9 平方公里。据此可计算出 2013 年市区平均每平方公里的 GDP 产出值为 33016.9 万元,郊区平均每平方公里的 GDP 产出值为 4453.5 万元,两者相差 7.4 倍。

(2) 土地经济承载力呈"单一"中心、不均匀分布的格局。2013 年,郑州市各辖区的地均 GDP 如表 3-5 所示。

表 3-5 郑州市各辖区的地均 GDP

辖区名称	GDP(亿元)	土地面积(平方公里)	地均 GDP(万元每平方公里)
中原区	275.7	195	14138.46
二七区	403.3	159	25364.78
管城区	299.8	204	12388.43
金水区	781.5	58	134741.38
上街区	107.6	64	16812.50
惠济区	92.8	206	4504.85
中牟县	228.9	1393	1643.22
巩义市	581.2	1041	5583.09

续表

辖区名称	GDP（亿元）	土地面积（平方公里）	地均GDP（万元每平方公里）
荥阳市	520.0	955	5445.03
新密市	559.9	1001	5593.41
新郑市	525.3	873	6017.18
登封市	450.9	1220	3695.90

根据上述数据可看出，在郑州市的六个市辖区中，金水区的地均GDP为134741.38万元每平方公里，达到最高，而其他辖区的地均GDP分布并不均衡，惠济区的最低，只有4504.85万元每平方公里，因此郑州市土地经济承载力呈现出"单一"中心、分布不均匀的格局。

3.1.5.4　原因分析

金水区是河南省省委所在地，是河南全省的政治、经济、文化、金融、信息、交通的中心。虽然面积只有58平方公里，人口却达到140.2万人，是郑州所辖六区中唯一地少人多的区域。人口密度高达24172.41人每平方公里，是郑州地区人口密度最高的区域。2013年，金水区的GDP高达781.5亿元，远远高于土地面积相差不多的上街区，高于土地面积比其高好几倍的中原区、二七区、管城区和惠济区。因此在这种情况下，地均GDP必然要高出其他区很多。

从2013年的数据可以看出，郑州市区与郊区的产出值相差7.4倍多，可见，郑州的土地承载力发展是很不平衡的，还需提高土地利用率及产出率，使郑州市的经济快速转入稳定、和谐的可持续发展轨道。

3.1.5.5　结论

综合来看，2013年郑州市地均GDP为8328.95万元每平方公里，远远低于国内一些大都市的水平；地均就业人口668人每平方公里，远远低于国际、国内其他一些大都市和同等规模城市的水平。可见，郑州市土地资源经济承载力整体较弱，城市土地增值的潜力依然很大。

结合上述分析结论，建议调整郑州市中心城区的产业结构，从核心城区迁出部分行政、办公、科研、医疗设施，相应增加商业、服务业和金融保险业的用地比例，有效配置土地资源，提高土地的经济产出能力。改变"单一"中心、发展不均匀的格局，促进郑州市整体健康和谐发展。

3.1.6 郑州市土地资源生态承载力分析

3.1.6.1 土地资源生态承载力评价方法

对于城市生态系统而言，土地资源的生态承载力综合体现了城市社会经济发展，特别是城市经济建设与生态平衡之间的协调与矛盾关系，土地资源生态承载力的大小受土地利用的结构、布局等因素的影响，由此我们可将土地资源的生态承载力转化为建设用地的生态适宜量进行研究，即在一定的生态环境目标下，单位面积土地范围内适宜环境的、可以用作建设用地的规模及其比例（或者说建设活动规模、分布与环境处于协调状况的建设用地量及其所占比例）。

在评价一个城市的环境的好坏时，一方面是看其绿地状况、森林覆盖率、水域面积、自然生态保护区规模；另一方面也是看其的水质量、空气质量、噪声、"三废"排放、垃圾处理以及城市卫生等。其中，前者可以通过土地利用规划进行控制；而后者，土地利用规划只能起到一个辅助性的作用。因此计算建设用地的生态适宜量可以为土地利用规划中建设用地的规模和布局提供科学依据。

建设用地的生态适宜量可以从生态环境以及经济之间协调发展的角度出发，根据某一区域内环境的总体运动规律与人类活动的特点以及不同的地区、时段的环境质量要求，确定出一个适宜环境良性发展的人类活动规模；因此，它使得准确界定人类活动与环境之间的互动关系成为可能。此外，建设用地的生态适宜量可以用于城市规划，在确定了城市环境发展目标之后，可以按照既定目标来计算建设用地的生态适宜量，从而对城市的建设用地量进行总体控制。

3.1.6.2 建设用地的生态适宜量确定

研究表明：一个城市只有当其绿地面积达到一定的比例，并且分布均衡才能保证该城市具有良好的环境。因此，城市建设用地的生态适宜量必须是在一定比例的城市绿地面积的限制之下。基于上述原因,把一定比例的绿地面积作为城市建设用地的生态适宜量的确定依据,即单位面积区域内的土地总面积与该单位面积区域内所必须的最低要求的绿地面积之差再扣除该单位面积区域内由于自然条件因素不能作为建设用地的土地面积所剩下的部分即为该单位面积区域内建设用地的生态适宜量。计算公式如下:

$$A = T - G - U$$

式中:A 为单位面积区域内建设用地的生态适宜量;T 为单位面积区域内的土地总面积;G 为单位面积区域内所必须保证的绿地面积;U 为单位面积区域内由于自然条件因素不能作为建设用地的土地(如河、湖、沼泽等)面积。

在这里,城市建设用地的生态适宜量有两层含义:其一,作为一个城市,整体上其绿地面积总量应该达到一个合适的比例,一般用城市的森林覆盖率和建成区绿地覆盖率表示这个比例;其二,除了要求城市整体上满足绿地面积合适的比例(即城市森林覆盖率达标)之外,其绿地分布还应该保证一定程度的均衡。因此,城市建设用地的生态适宜量的确定也必须包含两个方面:一方面是城市绿地总量的确定;另一方面是城市中绿地均衡分布标准的确定。

3.1.6.3 郑州市生态适宜量的确定

世界平均森林覆盖率为 31.7%,《中华人民共和国森林法实施细则》(林业部,1984)也将全国森林覆盖率的标准定为 30%,其中山区森林覆盖率为 70% 以上,丘陵地区 40% 以上,平原地区 10% 以上,《生态县、生态市、生态省建设指标(试行)》(国家环保总局,2003)规定生态城市必须达到的标准是:山区森林覆盖率为 70% 以上,丘陵地区 40% 以上,平原地区 15% 以上。1993 年国家建设部根据国务院《城市绿化条例》制定了《城市绿化建设指标的规定》,正式颁布了城市绿地建设指标(部颁标准)标准,规定城市绿化覆盖率到 2000 年应不少于 30%;到 2010 年应不少于 35%。另外,《城市绿化建设指标的规定》中还指出:"考虑到城市绿化规划三项指标都受到城市的性质、规模和自然条件的影响,应有所不同,在此只规定了指标的低限。直辖市、省会城市、计划单列城市、沿海开放城市、风景旅游城市、历史文化名城、新开发城市和流动人口较多的城市等,都应有较高的指标。"

《国家园林城市标准》也提出居住区绿地率应达到30%以上，道路绿化长度普及率分别在95%以上。国家评选出来的几个森林城市，平均森林覆盖率都在40%以上。

按人均日耗氧量0.8千克，每1公顷森林每年净产生氧气12吨，大气中的氧60%来自生物圈中的绿色植物（主要为森林）计算，要达到碳氧平衡，郑州市在现状人口基础上（708.2万人）的林地面积应该达到1723.34平方公里，全区的森林覆盖率至少应该达到4.9%（而郑州实际森林覆盖率高达33.81%）；郑州山区面积约2377平方公里，不适宜作为建设用地，占总面积的31.92%。

因此，郑州市现状的建设用地生态适宜率为：100%－4.9%－31.92%＝63.18%，建设用地生态适宜量为4704.5平方公里。

3.1.6.4 建设用地现状适宜程度分析

郑州市环境的建设用地现状适宜程度，主要用于评价分析城市各区的现状建设用地规模与建设用地的生态适宜量之间的偏离程度。如果现状建设用地和建设用地的生态适宜量相等，则说明现状用地达到了适度状态；如果现状建设用地大于建设用地的生态适宜量，则表示出现了生态环境赤字；如果现状建设用地小于建设用地的生态适宜量，则说明生态环境利用尚有盈余，建设用地还有环境潜力可挖。

从郑州市实际的建设用地面积与生态适宜的建设用地面积比较，2013年郑州城市建设用地是1394.1平方公里，占生态适宜的建设用地的29.6%，表明郑州市生态环境利用尚有盈余，建设用地还有环境潜力可挖。

3.1.7 郑州市土地资源综合承载力分析

3.1.7.1 土地资源综合承载力评价方法介绍

前面分别从土地资源人口承载力、土地资源建设规模承载力、土地资源经济承载力和土地资源生态承载力四个方面进行了分析，这里我们将采用层次分析法来确定郑州市土地资源的综合承载力。具体步骤如下：

（1）确定各层次指标的权重。先根据层次分析法（AHP法）中两两因素重要性比较的标度表（见表3-6），对建设用地人口承载力、建设用地建筑承载力、建设用地经济承载力和土地生态承载力进行两两因素的重要性比较，其重要性先后顺序是：人口承载能力最重要，生态承载能力和经济承载能力次之，建筑承载能力最后。

表3-6　层次分析法标度表

标度	定义（比较因素 i 与 j）
1	因素 i 与 j 一样重要
3	因素 i 比 j 稍微重要
5	因素 i 比 j 较强重要
7	因素 i 比 j 强烈重要
9	因素 i 比 j 绝对重要
2、4、6、8	两相邻判断的中间值
倒数	当比较因素 j 与 i 时

（2）确定指标实测值与标准值。下面对指标进行归一化处理。由于各项指标的取值范围、计算单位都有所不同，因此为了进行统一的综合评价，要进行归一化处理。这里我们采用"标准位评分法"，即指标根据有关国家标准或企业标准进行比较，没有标准的按照理想值或期望值作为参照标准，计算公式如下：

$$F_i = \begin{cases} \dfrac{X_i}{C_i}, & \text{当 } X_i \text{ 为正指标} \\ \dfrac{C_i}{X_i}, & \text{当 } X_i \text{ 为逆指标} \end{cases}$$

式中，X_i、C_i 分别表示第 i 项指标的实际数值、标准值，F_i 为第 i 项指标的评价值。

（3）建立分级评价标准。评价标准按照分值大小进行分级评价，分值越大，表示土地资源的综合承载能力越强，这里以1为基本刻度单位，分为6级标准（参见表3-7）。

表3-7 郑州市土地承载能力分级评价标准

数值	>4	3~4	2~3	2	1~2	<1
级别	超强	很强	较强	一般	较弱	弱

3.1.7.2 评价结果

计算并汇总后的郑州市土地资源承载力评价结果如表3-8、表3-9所示。

表3-8 郑州市土地资源承载力评价表

准则层	权重	归一化值	指标层	权重	实测值	标准值	F_i
人口承载能力	0.518	1.3857	耕地人口超载率	0.5	52%	60%	1.15
			城市土地人口承载能力（以市辖区为评价对象）	0.5	425	841.9	1.98
建设规模承载能力	0.098	0.1548	容积率	1	0.38	0.6	1.58
经济承载能力	0.132	0.9607	地均GDP	1	8328.95	33016.9	3.96
生态承载能力	0.252	0.8845	建设用地生态适宜量	1	1394.1	4704.5	3.37
合计	1						2.3375

表3-9 郑州市土地资源承载力汇总表

	综合承载能力	人口承载能力	建设规模承载能力	经济承载能力	生态承载能力
分值	2.3375	1.565	1.58	3.96	3.37
评价分级	较强	较弱	较弱	很强	很强

根据表3-9，结合郑州市土地承载能力分级评价标准表，可对郑州市土地资源的承载力进行综合评价如下：土地资源人口承载能力取值为1.565，较弱；土地资源建设规模承载能力取值为1.58，较弱；经济承载能力取值为3.96，很强；生态承载能力取值为3.37，很强；土地资源综合承载力取值为2.3375，较强。

3.2 河南省相对土地资源承载力分析

资源承载力的评价分析,除了前面所介绍的方法外,还有一种相对资源承载力的测度方法。此方法是国内学者黄宁生、匡耀求和谢红霞等提出的,即以比研究区域更大的一个或几个区域作为对比参照区,根据参照区的人均资源拥有量和消费量,计算出研究区域各类资源的相对承载能力。

和前面单一资源承载能力的分析方法相比,相对资源承载力评价分析方法的优势体现在以下两点:其一,开始从研究单一的土地资源或水资源承载能力向研究以水土资源为代表的自然资源和以 GDP 为衡量标准的经济资源等综合资源承载力转变。其二,从单一的相对自然资源承载能力的研究开始向人口与经济综合考虑的相对资源综合承载力进行转变。

本节根据河南省 1978~2012 年的相关数据,以全国为参照区,对河南省相对土地资源承载力进行分析,数据来源于河南省历年《统计年鉴》。

3.2.1 相对土地资源承载力分析方法介绍

相对土地资源承载力包括相对土地资源人口承载力和相对土地资源经济承载力,这里我们从相对土地资源人口承载力及相对土地资源经济承载力两个方面对河南省的土地资源承载力进行相对分析,参照区为全国。具体分析步骤如下:

(1)首先计算相对土地资源人口承载力。相对土地资源人口承载力用 C_{npl} 表示,计算公式为:

$$C_{npl} = I_{pl} \times Q_l \qquad (3.2-1)$$

式(3.2-1)中,I_{pl} 为土地资源人口承载指数,且 $I_{pl} = \dfrac{P_0}{Q_{l0}}$,$P_0$ 为参照区域人口数量,Q_{l0} 为参照区农作物总播种面积,Q_l 为研究区域农作物的播种面积。

（2）然后计算相对土地资源经济承载力。相对土地资源经济承载力用 C_{gl} 表示，计算公式为：

$$C_{gl} = I_{gl} \times Q_l \qquad (3.2-2)$$

式（3.2-2）中，I_{gl} 表示土地资源承载指数，且 $I_{gl} = \dfrac{G_0}{Q_{l0}}$，$G_0$ 表示参考区的生产总值。

（3）最后对相对土地资源人口承载力 C_{npl} 和研究区域的实际人口数 P，相对土地资源经济承载力 C_{gl} 和生产总值 Q 进行比较，根据比较结果对研究区域的相对资源承载状况进行分析评价。

若 $C_{npl} > P$，则表示研究区域人口密度相对较小，相对土地资源人口承载力仍有盈余；反之，若 $C_{npl} < P$，则表示人口密度相对较大，相对土地资源人口承载力处于超载状况，人口增长规模从土地资源的供给来看处于不可持续的发展状态。

若 $C_{gl} > G$，则表示研究区域经济发展规模相对不足，经济发挥空间仍然很大；反之，若 $C_{gl} < G$，则表示经济发展相对充分，此时应注重重点开发，提高经济发展质量，以经济发展带动区域的人口承载力，实现经济、人口、社会环境的和谐、健康发展。

3.2.2 数据整理

河南省及全国生产总值、人口数、农作物播种面积等数据均来自于全国及河南省历年《统计年鉴》，对于缺失数据采用趋势法进行了预测。

表 3-10　1978~2012 年河南省人口、资源与经济数据

年份	河南省		
	人口数量（×10⁴ 人）	生产总值（×10⁸ 元）	农作物总播种面积（×10⁴ 公顷）
1978	7067	163	10967
1979	7189	190	10917

续表

年份	河南省		
	人口数量（$\times 10^4$ 人）	生产总值（$\times 10^8$ 元）	农作物总播种面积（$\times 10^4$ 公顷）
1980	7285	229	10788
1981	7397	250	11013
1982	7519	263	11076
1983	7632	328	11327
1984	7737	370	11433
1985	7847	452	11685
1986	7985	503	11820
1987	8148	610	11953
1988	8317	749	11930
1989	8491	851	11999
1990	8649	935	11890
1991	8763	1046	12002
1992	8861	1280	11936
1993	8946	1660	12068
1994	9027	2217	12088
1995	9100	2988	12137
1996	9172	3635	12257
1997	9243	4041	12277
1998	9351	4308	12567
1999	9387	4518	12660
2000	9256	5053	13137
2001	9555	5533	13128
2002	9613	6036	13360
2003	9667	6868	13684
2004	9717	8554	13806
2005	9380	10588	13923
2006	9392	12363	13995
2007	9360	15013	14088
2008	9429	18019	14147
2009	9487	19481	14181

续表

年份	河南省		
	人口数量（×10⁴人）	生产总值（×10⁸元）	农作物总播种面积（×10⁴公顷）
2010	9405	23092	14249
2011	9388	27232	14259
2012	9406	29810	14262

表 3-11 1978～2012 年全国人口、资源与经济数据

年份	全国		
	人口数量（×10⁴人）	GDP（×10⁸元）	农作物总播种面积（×10⁴公顷）
1978	96259	364522	150104
1979	97542	406258	148477
1980	98705	454562	146380
1981	100072	489156	145530
1982	101654	532335	144314
1983	103008	596265	143993
1984	104357	720805	144221
1985	105851	901604	143626
1986	107507	1027518	144204
1987	109300	1205862	144957
1988	111026	1504282	144869
1989	112704	1699232	146554
1990	114333	1866782	148362
1991	115823	2178150	149586
1992	117171	2692348	149007
1993	118517	3533392	147741
1994	119850	4819786	148241
1995	121121	6079373	149879
1996	122389	7117659	152381
1997	123626	7897304	153969
1998	124761	8440228	155706

续表

年份	全国		
	人口数量（×10⁴ 人）	GDP（×10⁸ 元）	农作物总播种面积（×10⁴ 公顷）
1999	125786	8967705	156373
2000	126743	9921455	156300
2001	127627	10965517	155708
2002	128453	12033269	154636
2003	129227	13582276	152415
2004	129988	15987834	153553
2005	130756	18493737	155488
2006	131448	21631443	152149
2007	132129	26581031	153464
2008	132802	31404543	156266
2009	133450	34090281	158639
2010	134091	39798315	160675
2011	134735	47156370	162283
2012	135404	51932200	164320

3.2.3 实证分析

依据河南省及全国人口数量、GDP以及农作物播种面积数据，结合相对土地资源人口承载力及经济承载力的计算模型，可得到以下数据。

表3–12　1978~2012年河南省相对土地资源人口与经济承载力

年份	河南省	
	C_{npl}（×10⁴ 人）	C_{gl}（×10⁸ 元）
1978	7032.9402	26632.95298
1979	7171.9257	29870.74487
1980	7274.4196	33500.5797
1981	7572.9605	37016.93828
1982	7801.8744	40856.34422

续表

年份	河南省	
	C_{npl} ($\times 10^4$ 人)	C_{gl} ($\times 10^8$ 元)
1983	8102.9746	46904.31934
1984	87546.984	57141.21775
1985	8611.7342	73351.91915
1986	8812.0492	84222.78689
1987	9012.7617	99434.0976
1988	9143.0201	123878.0157
1989	9227.5564	139123.3591
1990	9162.8542	149607.2982
1991	9293.0331	174763.389
1992	9385.8212	215666.8192
1993	9680.8818	288619.7782
1994	9772.9157	393019.294
1995	9808.2158	492299.4556
1996	9844.5474	572519.8441
1997	9857.7846	629705.9876
1998	10069.435	681209.1074
1999	10183.668	726027.8008
2000	10652.737	833897.3406
2001	10760.444	924520.9442
2002	11097.882	1039631.611
2003	11602.154	1219432.896
2004	11687.263	1437471.337
2005	11708.401	1656001.108
2006	12090.876	1989707.752
2007	12129.446	2440139.477
2008	12022.768	2843101.313
2009	11929.314	3047386.045
2010	11891.474	3529399.038
2011	11838.494	4143395.672
2012	11752.263	4507406.502

第3章 单因素承载力实证分析

表 3-13 1978～2012 年相对土地资源人口承载力与实际人口之差及经济承载力和生产总值之差

年份	河南省	
	$C_{npl} - P(\times 10^4 人)$	$C_{gl} - G(\times 10^8 元)$
1978	-34.0598	26469.95298
1979	-17.07429	29680.74487
1980	-10.58041	33042.5797
1981	175.96046	36516.93828
1982	282.87441	40330.34422
1983	470.97456	46248.31934
1984	535.81451	56401.21775
1985	764.73419	72447.91915
1986	827.04918	83216.78689
1987	864.76172	98214.0976
1988	826.02011	122380.0157
1989	736.55637	137421.3591
1990	-486.1458	147737.2982
1991	530.03308	172671.389
1992	524.82118	213106.8192
1993	734.88179	285299.7782
1994	745.91573	388585.294
1995	708.21581	486323.4556
1996	672.54737	565249.8441
1997	614.78457	621623.9876
1998	718.43526	672593.1074
1999	796.66828	716991.8008
2000	1396.737	823791.3406
2001	1205.4443	913454.9442
2002	1484.882	1027559.611
2003	1935.1538	1205696.896
2004	1970.2632	1420363.33
2005	2328.4006	1634825.108

续表

年份	河南省	
	$C_{npl} - P(\times 10^4 人)$	$C_{gl} - G(\times 10^8 元)$
2006	2698.8764	1964981.752
2007	2769.4463	2410113.477
2008	2593.7682	2807063.313
2009	2442.314	3008424.045
2010	2486.4745	3483215.038
2011	2450.4943	4089031.672
2012	2346.2630	4447786.502

根据上述数据可画出河南省相对土地资源人口承载力 C_{npl} 和经济承载力 C_{gl} 以及相对土地资源人口承载力与实际人口数 P 之差、相对土地资源经济承载力与生产总值 Q 之差的趋势图，如图 3-1 所示。

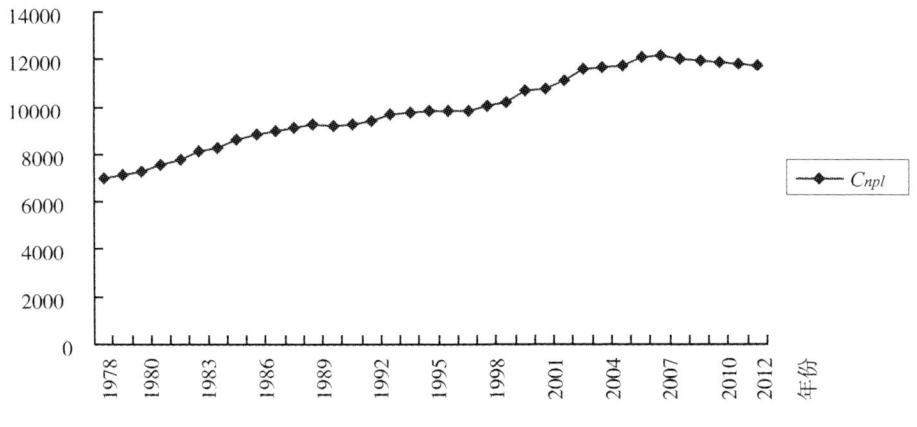

图 3-1　河南省 1978～2012 年相对土地资源人口承载力的趋势图

根据图 3-1 可看出河南省 1978～2012 年相对土地资源人口承载力呈现出向上增加的趋势，说明随着经济的发展、技术的改进，河南省土地资源的承载力逐步增强。

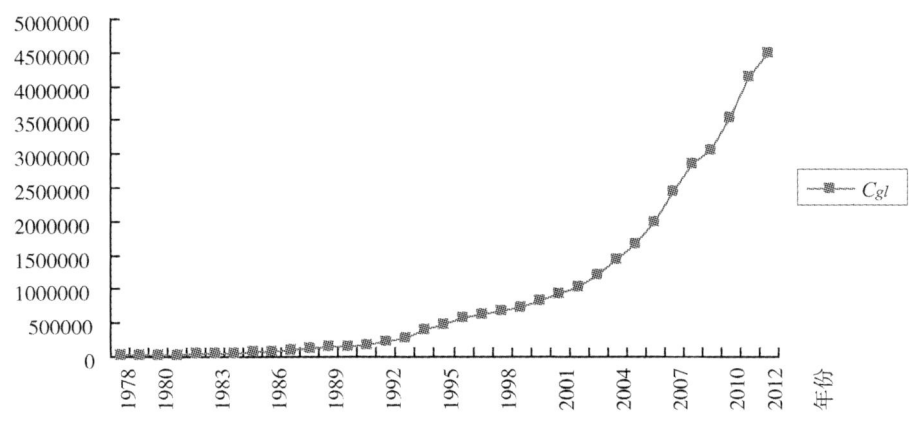

图 3-2　河南省 1978~2012 年相对土地资源经济承载力的趋势图

根据图 3-2 可看出，河南省 1978~2012 年相对土地资源经济承载力同样也呈现出向上增加的趋势，并且 1978~1992 年，相对土地资源经济承载力的变动趋势不太明显，增长比较缓慢，但自 1993 年以来，相对土地资源经济承载力的变动趋势非常明显，增长速度加快。究其原因，可能是由于农业科技的广泛应用、优良品种的推广、土壤的改良以及水利灌溉设施的改善等多种原因综合在一起的结果。

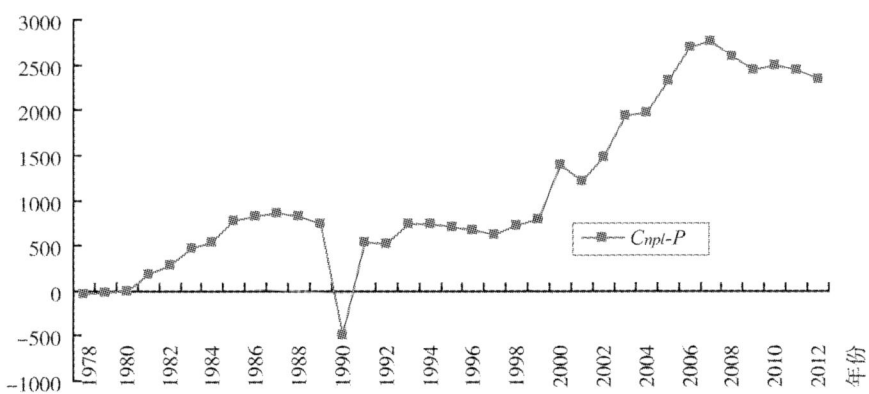

图 3-3　河南省 1978~2012 年相对土地资源人口承载力与实际人口数之差趋势图

根据图 3-3 可看出,河南省 1978~2012 年相对土地资源人口承载力与实际人口之差的变动大致可分成以下四个阶段:

(1) 1978~1989 年,保持持续增加的变动趋势。1978 年、1979 年、1980 年三年的两者之差均为负值,说明这三年土地资源的生产能力较弱,河南省人口密度相对较大,1981~1989 年,两者之差转为正值,并且取值越来越大,说明这一阶段土地资源的人口承载力加强,并且随着计划生育政策的实施,人口的快速增长趋势得到了控制,此阶段人口密度相对较小。

(2) 1991~2000 年,变动较平缓。

(3) 2001~2007 年两者之差继续增长。此阶段显示,在人口增长得到控制的同时,土地资源的生产能力进一步得到加强,使得土地资源的人口承载力不断增大,人口密度相对较小。

(4) 2008~2012 年,两者之差有轻微下降趋势。究其原因,一方面是由于建筑用地的增加,可耕地面积的减少;另一方面是由于人口数目的增长,工业的快速发展,使得固体废弃物不断向土壤表面堆放和倾倒,有害废水不断向土壤中渗透,大气中的有害气体也不断随雨水降落在土壤中,种种因素所带来的土壤污染,使得土地资源的生产能力下降,从而土地资源可承载的人口数目也在下降。

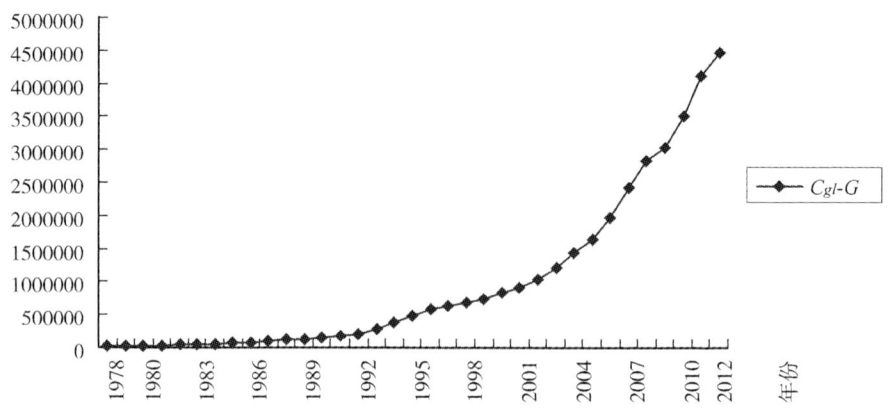

图 3-4　河南省 1978~2012 年相对土地资源经济承载力与生产总值之差趋势图

根据图 3-4 可看出，河南省 1978～2012 年相对土地资源经济承载力与生产总值之差的变动大致可分成以下两个阶段：

（1）第一阶段为 1978～1992 年，此阶段两者之差的变动很小，相对土地资源经济承载力几乎和生产总值是相等的，此阶段表示相对资源经济承载力几乎处于满载状态。

（2）第二阶段为 1993～2012 年，此阶段两者之差发生了较大的变化，增长速度加快，相对土地资源经济承载力远远大于生产总值，显示河南省经济发展相对不足，土地资源经济承载力仍有盈余，此阶段，河南省应充分发挥土地资源的各种优势，促进经济快速发展。

从整体上看，河南省在 1978～2012 年，相对土地资源人口承载力 C_{npl} 几乎都是大于实际人口 P 的，相对土地资源经济承载力 C_{gl} 也都是大于生产总值 Q 的，因此，综合来看，河南省在此阶段人口密度相对较小，相对土地资源人口承载力仍有盈余；另外，河南省经济发展规模相对不足，经济发挥空间仍然很大。因此，应该充分发挥土地资源的优势，加快经济发展，提高经济发展质量，最终实现经济、人口、社会环境的和谐、健康发展。

3.3 河南省相对水资源承载力分析

本节根据河南省 1978～2012 年的相关数据，以全国为参照区，对河南省相对水资源承载力进行分析，数据来源于河南省及全国历年《统计年鉴》。

3.3.1 相对水资源承载力分析方法介绍

和上节相对土地资源承载力的评价方法类似，相对水资源承载力也包括相对水资源人口承载力及相对水资源经济承载力两部分，本节我们仍然以全国为参照区，从相对水资源人口承载力和相对水资源经济承载力两个方面对河南省的水资源承载力进行相对分析。具体分析步骤如下：

(1) 首先计算相对水资源人口承载力。相对水资源人口承载力用 C_{npw} 表示，计算公式为：

$$C_{npw} = I_{pw} \times Q_w \quad (3.3-1)$$

式（3.3-1）中，I_{pw} 为水资源人口承载指数，且 $I_{pw} = \dfrac{P_0}{Q_{w0}}$，$P_0$ 为参照区域人口数量，Q_{w0} 为参照区供水总量，Q_w 为研究区域供水总量。

(2) 其次计算相对水资源经济承载力。相对水资源经济承载力的计算公式为：

$$C_{gw} = I_{gw} \times Q_w \quad (3.3-2)$$

式（3.3-2）中，I_{gw} 表示水资源经济承载指数，且 $I_{gw} = \dfrac{G_0}{Q_{w0}}$，$G_0$ 表示参考区的生产总值，Q_{w0} 为参照区供水总量，Q_w 为研究区域供水总量。

(3) 最后对相对水资源人口承载力 C_{npw} 和研究区域的实际人口数 P，相对水资源经济承载力 C_{gw} 和生产总值 G 进行比较，根据比较结果对研究区域的相对水资源承载状况进行分析评价。

若 $C_{npw} > P$，则表示相对于全国来说，人口密度相对较小，相对水资源人口承载力仍有盈余；反之，若 $C_{npw} < P$，则表示人口密度相对较大，相对水资源人口承载力处于超载状况，人口增长规模从水资源的供给来看处于一种不可持续的发展状态。

若 $C_{gw} > G$，则表示研究区域经济发展规模相对不足，经济发挥空间仍然很大；反之，若 $C_{gw} < G$，则表示经济发展相对充分，此时应注重重点开发，提高经济发展质量，以经济发展带动区域的水资源人口的承载力，实现经济、人口、社会环境的和谐、健康发展。

3.3.2 数据说明

河南省及全国生产总值、人口数、供水总量等数据均来自于全国及河南省历年的《统计年鉴》及《水资源公报》，对于缺失数据采用趋势法进行了预测。数据如表3-14、表3-15所示。

第3章 单因素承载力实证分析

表3-14 1992~2012年全国人口、资源与经济数据

年份	全国		
	人口数量（×10⁴人）	GDP（×10⁸元）	供水总量（×10⁸立方米）
1992	117171	2692348	5196
1993	118517	3533392	5241
1994	119850	4819786	5286
1995	121121	6079373	5396
1996	122389	7117659	5441
1997	123626	7897304	5623
1998	124761	8440228	5470
1999	125786	8967705	5613
2000	126743	9921455	5531
2001	127627	10965517	5567
2002	128453	12033269	5497
2003	129227	13582276	5321
2004	129988	15987834	5548
2005	130756	18493737	5633
2006	131448	21631443	5795
2007	132129	26581031	5819
2008	132802	31404543	5910
2009	133450	34090281	5965
2010	134091	39798315	6022
2011	134735	47156370	6107
2012	135404	51932200	6131

表3-15 1992~2012年河南省人口、资源与经济数据

年份	河南省		
	人口数量（×10⁴人）	生产总值（×10⁸元）	供水总量（×10⁸立方米）
1992	8861	1280	206.71
1993	8946	1660	215.25
1994	9027	2217	200.61
1995	9100	2988	217.03

续表

年份	河南省		
	人口数量（×10⁴ 人）	生产总值（×10⁸ 元）	供水总量（×10⁸ 立方米）
1996	9172	3635	208.02
1997	9243	4041	216.99
1998	9351	4308	230.35
1999	9387	4518	228.57
2000	9256	5053	204.87
2001	9555	5533	231.29
2002	9613	6036	218.82
2003	9667	6868	187.62
2004	9717	8554	200.70
2005	9380	10588	197.78
2006	9392	12363	226.98
2007	9360	15013	209.28
2008	9429	18019	227.53
2009	9487	19481	233.71
2010	9405	23092	224.61
2011	9388	27232	229.05
2012	9406	29810	238.61

通过公式（3.3-1）计算可得到 1992～2012 年河南省相对资源人口与经济承载力数据，如表 3-16 所示。

表 3-16　1992～2012 年河南省相对资源人口与经济承载力

年份	河南省	
	C_{npw}（×10⁴ 人）	C_{gw}（×10⁸ 元）
1992	4661.3682	107108.4017
1993	4867.5414	145117.8454
1994	4548.4503	182916.6231
1995	4871.5513	244515.6268
1996	4679.1692	272121.9307

续表

年份	河南省	
	C_{npw}（$\times 10^4$ 人）	C_{gw}（$\times 10^8$ 元）
1997	4770.8086	304754.7564
1998	5253.8752	355430.808
1999	5122.1995	365178.7514
2000	4694.6011	367493.8503
2001	5302.4697	455580.1018
2002	5113.3501	479010.3552
2003	4556.5814	478914.9827
2004	4702.3417	578363.0644
2005	4590.9678	649332.7364
2006	5148.5879	847265.7346
2007	4752.0119	955985.2496
2008	5112.7646	1209048.337
2009	5228.6001	1335664.639
2010	5001.3582	1484407.096
2011	5053.3898	1768653.438
2012	5269.7355	2021129.056

3.3.3 实证分析

在相对水资源人口承载力 C_{npw} 以及相对水资源经济承载力计算出来的基础上，对相对水资源人口承载力 C_{npw} 和河南省的实际人口 P 以及相对水资源经济承载力 C_{gw} 和生产总值 G 进行对比，计算结果如表 3-17 所示。

表 3-17　相对水资源人口承载力与实际人口之差及经济承载力与生产总值之差

年份	河南省	
	$C_{npw} - P$（$\times 10^4$ 人）	$C_{gw} - G$（$\times 10^8$ 元）
1992	524.8212	105828.4017
1993	734.8818	143457.8454

续表

年份	河南省	
	$C_{npw} - P$ ($\times 10^4$ 人)	$C_{gw} - G$ ($\times 10^8$ 元)
1994	745.9157	180699.6231
1995	708.2158	241527.6268
1996	672.5474	268486.9307
1997	614.7846	300713.7564
1998	718.4353	351122.808
1999	796.6683	360660.7514
2000	1396.737	362440.8503
2001	1205.444	450047.1018
2002	1484.882	472974.3552
2003	1935.154	472046.9827
2004	1970.263	569809.0649
2005	2328.401	638744.7364
2006	2698.876	834902.7346
2007	2769.446	940972.2496
2008	2593.768	1191029.337
2009	2442.314	1316183.639
2010	2486.474	1461315.096
2011	2450.494	1741421.438
2012	2346.263	1991319.056

根据图 3-5 可看出，1992~2012 年河南省相对水资源人口承载力呈现上升趋势，究其原因，一方面是由于随着节约用水的法制建设与宣传，全民的节水意识开始增强；另一方面是由于污水回收技术的使用以及调水工程的建设使得水资源的人口承载能力逐步加强。

根据图 3-6 可看出，1992~2012 年河南省相对水资源经济承载力也呈

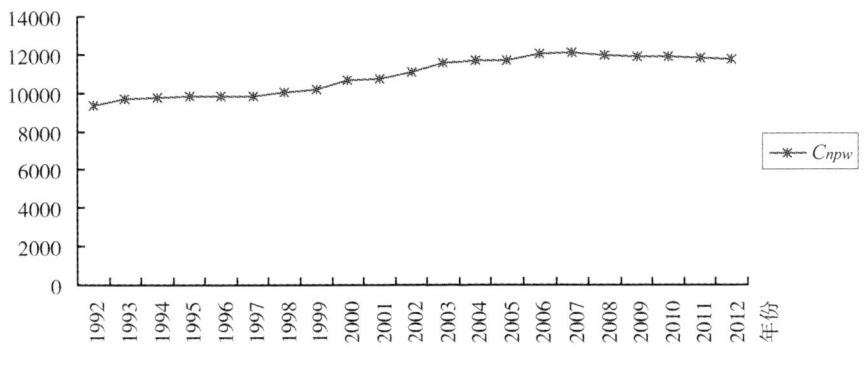

图 3-5 1992~2012 年河南省相对水资源人口承载力

现出上升趋势,并且从图形上来看,1992~2000 年,水资源经济承载力的上升速度较为缓慢,2001~2012 年上升速度加快,说明此阶段河南省经济虽然获得了快速发展,但是随着水资源状况的改善,基于水资源状况下经济的发展空间仍然很大,此阶段河南省应保证水资源合理使用、合理开发的情况下,更好更快地促进经济与环境的和谐发展。

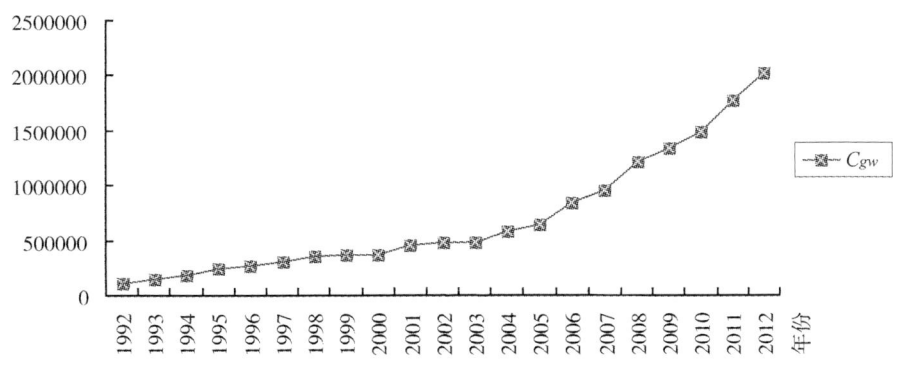

图 3-6 1992~2012 年河南省相对水资源经济承载力

根据图 3-7 可看出,1992~2012 年河南省相对水资源人口承载力和实际人口的变动趋势大体相同,具体地讲,河南省的实际人口数在缓慢增加的同时,水资源的人口承载力也在缓慢增加,这一点说明了河南省水资源承载力与人口之间较为和谐的发展现状。

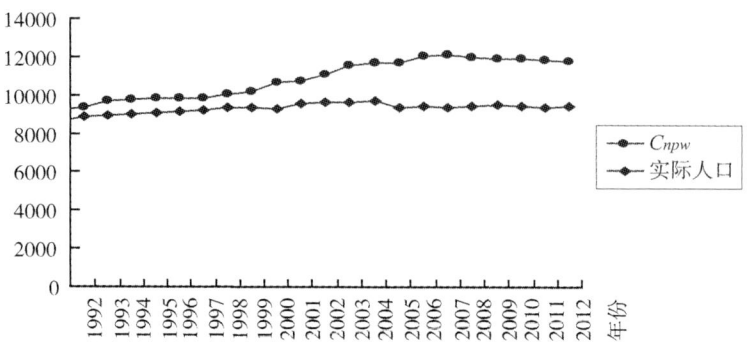

图3-7 1992~2012年河南省相对水资源人口承载力与实际人口趋势图

尽管如此，我国作为一个中度缺水的国家，随着人口的增加和城市化进程的加快，我国水资源形势目前仍然严峻。河南省人口密度大，耕地系数、复种指数较大，人均水资源量只有407立方米，不足全国平均水资源量的1/4，属于缺水省份。虽然近些年来，河南省人口增长速度放缓，开始步入低生育水平行列，并且水资源的污染问题也得到了进一步改善。但目前，缺水作为全国普遍存在的问题，河南省不容忽视，应继续加强水资源的保护以及全民节约用水的宣传工作。

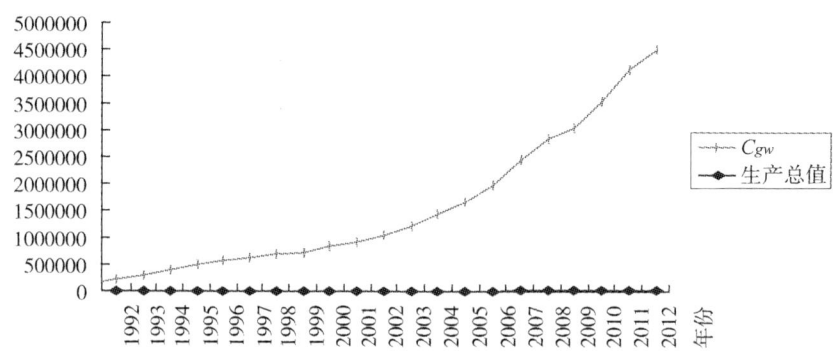

图3-8 1992~2012年河南省相对水资源经济承载力与生产总值趋势图

根据图3-9和图3-10可看出，1992~2012年相对水资源人口承载力和实际人口之差大致以对数曲线型增长，而相对水资源经济承载力与生产总值之差大致以指数曲线增长。总之，在此阶段相对水资源人口承载力基本都是大于实际人口的，即 $C_{npw} > P$，说明河南省在此阶段和全国相比，相对于水资源来说，人口密度相对较小，水资源在人口方面的承载能力仍有盈余；同时，相对资源经济承载力也都是大于生产总值的，$C_{gw} > G$，说明河南省在此阶段和全国相比，在水资源方面，经济发展仍有盈余，河南省应充分调动水资源的优势，对水资源进行合理开发和利用，在确保水资源不被污染和浪费的情况下，加快经济发展。

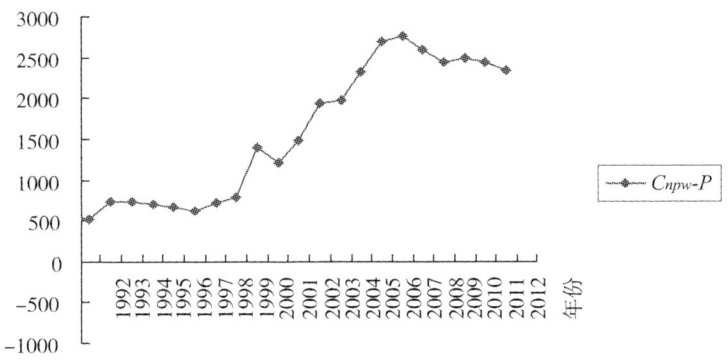

图 3-9 1992～2012 年相对水资源人口承载力与实际人口之差趋势图

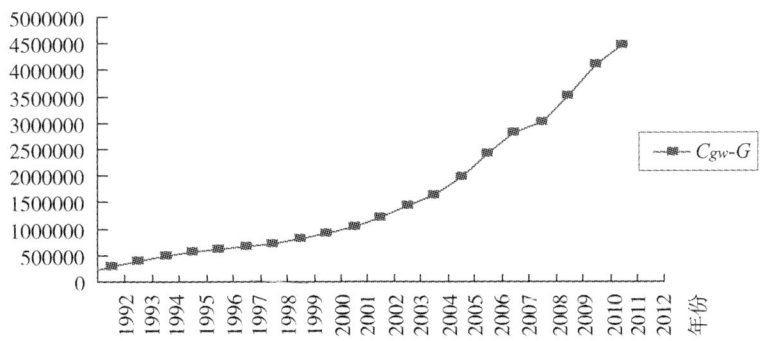

图 3-10 1992～2012 年相对水资源经济承载力与生产总值之差趋势图

3.4 河南省相对资源经济承载力分析

本节以河南省 1992~2012 年的相关数据为依据，以全国为参照区，对河南省相对资源经济承载力进行分析。

前面两节以全国为参照区，分析了河南省土地资源、水资源等单因素的承载状况，实际上，传统的承载力研究大多数都是侧重于某些单要素承载状况进行分析的，但是像这种将资源、环境、经济从生态系统中割裂出来，不考虑生态系统整体效应的做法，会使整个生态系统的承载能力下降，因此本节我们将从土地资源、水资源两个方面来考虑河南省相对资源经济承载状况，虽然自然资源考虑得仍然不够全面，但是相比于单纯地考虑一种因素的做法还是有了很大改进。

3.4.1 相对资源经济承载力方法介绍

假设相对资源经济承载力包括相对土地资源经济承载力和相对水资源经济承载力两部分。下面分别对两种承载力的计算公式进行介绍。

（1）相对土地资源经济承载力。相对土地资源经济承载力用 C_{gl} 表示，计算公式为：

$$C_{gl} = I_{gl} \times Q_l \tag{3.4-1}$$

式（3.4-1）中，I_{gl} 表示土地资源经济承载指数，且 $I_{gl} = \dfrac{G_0}{Q_{l0}}$，$G_0$ 表示参考区的生产总值，Q_{l0} 表示参照区的农作物总播种面积，Q_l 表示研究区的农作物总播种面积。

（2）相对水资源经济承载力。相对水资源经济承载力用 C_{gw} 表示，计算公式为：

$$C_{gw} = I_{gw} \times Q_w \tag{3.4-2}$$

式 (3.4-2) 中，I_{gw} 表示水资源经济承载指数，且 $I_{gw} = \dfrac{G_0}{Q_{w0}}$，$G_0$ 表示参考区的供水总值，Q_{w0} 表示研究区域的供水总量。

(3) 相对自然资源经济承载力。在两者计算出来的结果上，利用加权平均法计算相对自然资源承载力，相对自然资源经济承载力用 C_{sg} 表示，计算公式为：

$$C_{sg} = W_l C_{gl} + W_w C_{gw} \tag{3.4-3}$$

式 (3.4-3) 中，C_{gl}、C_{gw} 分别表示根据公式 (3.2-2)、公式 (3.3-2) 中所计算出来的相对土地资源经济承载力和相对水资源经济承载力，W_l、W_w 分别表示相对土地资源承载力、相对水资源经济承载力的权重。由于土地资源是自然资源中与人类关系最为密切的基本资源，而水资源是人类生命之源，两者与人类发展关系密切遵循递减规律，因此，不妨取 $W_l = 0.6$，$W_w = 0.4$，即 $C_{sg} = 0.6 C_{gl} + 0.4 C_{gw}$。

对相对资源经济承载力 C_{sg} 和生产总值 G 进行比较，若 $C_{sg} > G$，表示经济发展相对不足，相对资源经济承载力仍有盈余，应充分利用自然资源的优势，加快经济快速发展。若 $C_{sg} < G$，表示经济发展相对充分，相对资源经济承载力处于超载状况，经济发展不可持续。

3.4.2 数据整理及实证分析

以上述所介绍的模型为依据，以全国为参照区，对河南省相对资源经济承载力的变化规律进行分析。

(1) 数据来源及处理。这里所用到的数据包括全国和河南省人口总数、生产总值、农作物总播种面积及供水总量四个指标的时间序列数据。其中，全国人口总数、GDP 以及农作物播种面积数据来源于历年《中国统计年鉴》，全国供水总量来源于国家水利部颁布的《水资源公报》，对于缺失数据通过趋势法进行了预测。

河南省人口总量、河南省生产总值、河南省农作物总播种面积数据来源于《河南统计年鉴》，河南省供水总量来源于国家水利部颁布的河南省《水资源公报》,其中河南省 1997 年以前的供水总量数据是根据趋势法进行预测得到的。数据整理如表 3-18 和表 3-19 所示。

表 3-18 1992~2012 年全国人口、资源与经济数据

年份	全国			
	人口数量 ($\times 10^4$ 人)	GDP ($\times 10^8$ 元)	农作物总播种面积 ($\times 10^4$ 公顷)	供水总量 ($\times 10^8$ 立方米)
1992	117171	2692348	149007	5196
1993	118517	3533392	147741	5241
1994	119850	4819786	148241	5286
1995	121121	6079373	149879	5396
1996	122389	7117659	152381	5441
1997	123626	7897304	153969	5623
1998	124761	8440228	155706	5470
1999	125786	8967705	156373	5613
2000	126743	9921455	156300	5531
2001	127627	10965517	155708	5567
2002	128453	12033269	154636	5497
2003	129227	13582276	152415	5321
2004	129988	15987834	153553	5548
2005	130756	18493737	155488	5633
2006	131448	21631443	152149	5795
2007	132129	26581031	153464	5819
2008	132802	31404543	156266	5910
2009	133450	34090281	158639	5965
2010	134091	39798315	160675	6022
2011	134735	47156370	162283	6107
2012	135404	51932200	164320	6131

表 3-19　1992~2012 年河南省相关数据

年份	河南省			
	人口数量（×10⁴ 人）	生产总值（×10⁸ 元）	农作物总播种面积（×10⁴ 公顷）	供水总量（×10⁸ 立方米）
1992	8861	1280	11936	206.71
1993	8946	1660	12068	215.25
1994	9027	2217	12088	200.61
1995	9100	2988	12137	217.03
1996	9172	3635	12257	208.02
1997	9243	4041	12277	216.99
1998	9351	4308	12567	230.35
1999	9387	4518	12660	228.57
2000	9256	5053	13137	204.87
2001	9555	5533	13128	231.29
2002	9613	6036	13360	218.82
2003	9667	6868	13684	187.62
2004	9717	8554	13806	200.70
2005	9380	10588	13923	197.78
2006	9392	12363	13995	226.98
2007	9360	15013	14088	209.28
2008	9429	18019	14147	227.53
2009	9487	19481	14181	233.71
2010	9405	23092	14249	224.61
2011	9388	27232	14259	229.05
2012	9406	29810	14262	238.61

（2）实证分析。根据上述数据计算可得到 1992~2012 年河南省相对土地资源经济承载力 C_{gl} 和相对水资源经济承载力 C_{gw} 的取值，然后以 $W_l = 0.6$，$W_w = 0.4$ 为权数，利用加权平均法得到相对资源经济承载力 C_{sg}，最后对相对资源经济承载力和生产总值 G 进行对比，所得结果如表 3-20 所示。

表 3 - 20　1992～2012 年河南省相对资源经济承载力与生产总值之差

年份	河南省			
	C_{gl}（×10^8 元）	C_{gw}（×10^8 元）	C_{sg}（×10^8 元）	$C_{sg} - G$（×10^8 元）
1992	21566.8192	107108.4017	172243.4522	170963.4522
1993	288619.7782	145117.8454	231219.0051	229559.0051
1994	393019.294	182916.6231	308978.2256	306761.2256
1995	492299.4556	244515.6268	393185.9241	390197.9241
1996	572519.8441	272121.9307	452360.6788	448725.6788
1997	629705.9876	304754.7564	499725.4951	495684.4951
1998	681209.1074	355430.808	550897.7876	546589.7876
1999	726027.8008	365178.7514	581688.1811	577170.1811
2000	833897.3406	367493.8503	647335.9445	642282.9445
2001	924520.9442	455580.1018	736944.6072	731411.6072
2002	1039631.611	479010.3552	815383.1088	809347.1088
2003	1219432.896	478914.9827	923225.7305	916357.7305
2004	1437471.337	578363.0644	1093828.028	1085274.028
2005	1656001.108	649332.7364	125333.759	1242745.759
2006	1989707.752	847265.7346	1532730.945	1520367.945
2007	2440139.477	955985.2496	1846477.786	1831464.786
2008	2843101.313	1209048.337	2189480.123	2171461.123
2009	3047386.045	1335664.639	2362697.483	2343216.483
2010	3529399.038	1484407.096	2711402.261	2688310.261
2011	4143395.672	1768653.438	3193498.779	3166266.779
2012	4507406.502	2021129.056	3512895.524	3483085.524

根据上述数据作相对资源经济承载力 C_{sg} 以及相对资源经济承载力和生产总值之差 $C_{sg} - G$ 的趋势图，如图 3-11 所示。

根据图 3-11 可看出，1992～2012 年相对资源经济承载力和生产总值之差保持持续增加的趋势，也就是说，在此阶段不仅河南省相对资源经济的承载能力比河南省实际的生产总值大，并且两者之差有逐渐增大的趋势，说明河南省目前的经济发展状况,相对于全国来说,经济发展相对不足,河南省应充分利用自然资源的各种优势,保证自然资源的合理开发和利用的基础上,加快经济发展。

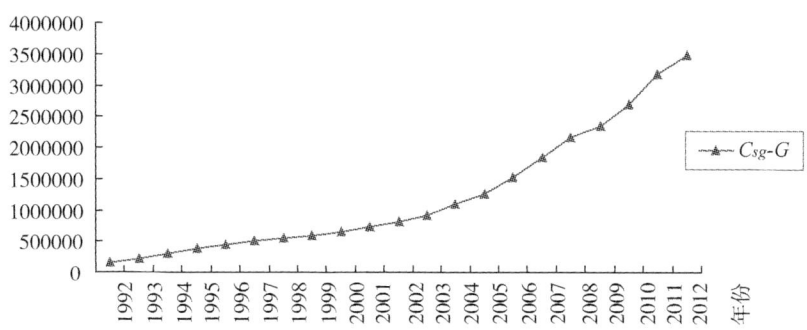

图3-11 河南省1992~2012年相对资源经济承载力和生产总值之差趋势图

3.5 河南省相对资源承载力的实证分析

前面分别以相对土地资源承载力、相对水资源承载力分析了河南省土地资源以及水资源这些单一要素相对于全国区域的承载状况,像这种将资源、环境、经济从生态系统中割裂出来,不考虑生态系统整体效应的做法,会使生态承载力整体下降,虽然相对资源经济承载力将土地资源和水资源结合起来进行分析,但仍然没有考虑资源环境与人口之间的协调关系。本节将从人口、经济两个方面来分析河南省的相对资源承载状况。

3.5.1 相对资源承载力介绍

这里相对资源承载力可分为相对资源人口承载力和相对资源经济承载力两个计算模型,其中,相对资源人口承载力模型又包括相对自然资源人口承载力和相对经济资源人口承载力两部分。

3.5.2 相对资源承载力的计算

首先给出相对资源人口承载力的计算公式。

3.5.2.1 相对资源人口承载力

相对资源人口承载力又可分为相对自然资源人口承载力及相对经济资源人口承载力，下面分别给出计算公式。

（1）相对自然资源人口承载力。计算公式为：

$$C_{np} = W_l C_{npl} + W_w C_{npw} \quad (3.5-1)$$

这里，自然资源仅考虑了土地资源和水资源，C_{np} 表示相对自然资源人口承载力，C_{npl} 表示相对土地资源人口承载力，C_{npw} 表示相对水资源人口承载力，且

$$C_{npl} = I_{pl} \times Q_l \qquad C_{npw} = I_{pw} \times Q_w$$

上式中，I_{pl} 为土地资源人口承载指数，且 $I_{pl} = \dfrac{P_0}{Q_{l0}}$，$P_0$ 为参照区域人口数量，Q_{l0} 为参照区农作物总播种面积，Q_l 为研究区域农作物的播种面积；I_{pw} 为水资源人口承载指数，且 $I_{pw} = \dfrac{P_0}{Q_{u0}}$，$Q_{u0}$ 为参照区供水总量，Q_w 为研究区域供水总量；W_l、W_w 分别为相对土地资源、水资源承载力的权重，由于土地资源是自然资源中与人类关系最为密切的基本资源，而且水资源是人类生命之源，两者与人类发展的密切程度遵循递减规律，因此这里不妨设 $W_l = 0.6$，$W_w = 0.4$。

（2）相对经济资源人口承载力。计算公式为：

$$C_{ecp} = I_{pec} \times Q_{ec0} \quad (3.5-2)$$

式（3.5-2）中，I_{pec} 为经济资源人口承载指数，且 $I_{pec} = \dfrac{P_0}{Q_{eco}}$，$Q_{ec0}$ 为参照区国内生产总值，Q_{ec} 为研究区域的国内生产总值。

（3）相对资源人口承载力。在相对自然资源人口承载力、相对经济资源人口承载力计算结果的基础上，利用加权平均法可计算相对资源人口承载力，

计算公式如下：

$$C_{sp} = W_n C_{np} + W_{ec} C_{ecp} \quad (3.5-3)$$

式 (3.5-3) 中，C_{sp} 表示相对资源人口承载力，C_{np} 表示相对自然资源人口承载力，C_{ecp} 表示相对经济资源人口承载力，W_n 和 W_{ec} 分别为相对自然资源人口承载力和相对经济资源人口承载力的权重，一般选择为 $W_n = W_{ec} = 0.5$，因此上式可写为 $C_{sp} = \frac{1}{2}(C_{np} + W_{ec} C_{ecp})$，又由于相对资源人口承载力包括相对土地资源承载力和相对水资源承载力，用式子表示是：$C_{np} = W_l C_{npl} + W_w C_{npw}$，把 C_{np} 的表达式代入 $C_{sp} = \frac{1}{2}(C_{np} + W_{ec} C_{ecp})$，得到：$C_{sp} = \frac{1}{2}(C_{np} + W_{ec} C_{ecp}) = 0.3 C_{npl} + 0.2 C_{npw} + 0.5 C_{ecp}$。

3.5.2.2 相对资源经济承载力

相对资源经济承载力的计算公式为：

$$C_{sg} = W_l C_{gl} + W_w C_{gw} \quad (3.5-4)$$

式 (3.5-4) 中，C_{gl}、C_{gw} 分别表示相对土地资源经济承载力、相对水资源经济承载力，且 $C_{gl} = I_{gl} \times Q_l$，$C_{gw} = I_{gw} \times Q_w$，$I_{gl}$、$I_{gw}$ 分别表示土地资源、水资源经济承载指数，且 $I_{gl} = \frac{G_0}{Q_{l0}}$，$I_{gw} = \frac{G_0}{Q_{w0}}$，$G_0$ 表示参考区的生产总值。和前面一样，这里 W_l、W_w 分别为相对土地资源、水资源经济承载力的权重，同样取 $W_l = 0.6$，$W_w = 0.4$，即 $C_{sg} = 0.6 C_{gl} + 0.4 C_{gw}$。

在上述结果给出的情况下，将相对资源人口承载力 C_{sp}、相对资源经济（GDP）承载力 C_{sg} 分别与实际人口规模、经济规模 GDP 进行比较，从而对研究区域相对于参照区域的承载状态进行评价。这里假设实际人口规模用 P 表示，实际生产总值用 G 表示，对实际人口规模、实际生产总值 GDP 与相对资源人口承载力、相对资源经济承载力之间的关系分成了以下九种情况分别进行了讨论。

表 3-21　实际人口、实际 GDP 与相对资源人口承载力、
相对资源经济承载力之间的关系

取值比较	状态
$P > C_{sp}$, $G > C_{sg}$	人口与生产总值双重超载，人口密度相对大，经济发展过于充分
$P > C_{sp}$, $G < C_{sg}$	人口超载，生产总值承载力盈余，人口密度相对大，经济发展相对不足
$P > C_{sp}$, $G = C_{sg}$	人口超载，生产总值满载，人口密度相对大，经济发展相对适中
$P < C_{sp}$, $G > C_{sg}$	人口承载力盈余，生产总值超载，人口密度相对小，经济发展相对充分
$P < C_{sp}$, $G < C_{sg}$	人口与生产总值承载力均盈余，人口密度相对小，经济发展不足
$P < C_{sp}$, $G = C_{sg}$	人口承载力盈余，生产总值满载，人口密度相对小，经济发展相对适中
$P = C_{sp}$, $G > C_{sg}$	人口满载，生产总值超载，人口密度相对适中，经济发展相对充分
$P = C_{sp}$, $G < C_{sg}$	人口满载，GDP 承载力富余，人口密度相对适中，经济发展不足
$P = C_{sp}$, $G = C_{sg}$	人口与 GDP 满载，人口与经济发展水平与参照区相当

在相对资源承载力分析中，我们可以利用 C_{sp}、C_{sg}、实际人口数、经济规模取值之间的大小关系对研究区域未来的发展方向进行定位，如若 $P > C_{sp}$，$G < C_{sg}$，表示研究区域人口密度相对较大，经济发展相对不足，此时研究区域未来的发展方向可定位为加快经济发展，有效控制人口增长，通过经济发展来提高区域的人口承载力。若 $P > C_{sp}$，$G > C_{sg}$，表明研究区域的人口与生产总值双重超载，人口密度相对较大，经济发展过于充分，此时应有效控制经济发展规模，提高经济发展质量，控制人口的增长速度。

3.5.3　实证分析

这里以上述所介绍的模型为依据，选择全国第一人口大省河南作为研究区域，以全国为参照区，分析河南省相对资源人口承载力和相对资源经济承载力的变化规律，为河南省未来主体功能定位提供理论依据。

这里所用到的数据包括全国和河南省人口总数、生产总值、农作物总播种面积及供水总量四个指标的时间序列数据。其中，全国人口总数、GDP 以及农作物播种面积数据来源于历年《中国统计年鉴》，全国供水总量来源于国家水利部颁布的《水资源公报》，对于缺失数据通过趋势法进行了预测。

河南省人口总量、河南省生产总值、河南省农作物总播种面积数据来源于《河南统计年鉴》，河南省供水总量来源于国家水利部颁布的河南省《水资源公报》，其中河南省1997年的供水总量数据是根据趋势法进行预测得到的。

表 3-22　1992~2012年全国人口、资源与经济数据

年份	全国			
	人口数量（×10⁴人）	GDP（×10⁸元）	农作物总播种面积（×10⁴公顷）	供水总量（×10⁸立方米）
1992	117171	2692348	149007	5196
1993	118517	3533392	147741	5241
1994	119850	4819786	148241	5286
1995	121121	6079373	149879	5396
1996	122389	7117659	152381	5441
1997	123626	7897304	153969	5623
1998	124761	8440228	155706	5470
1999	125786	8967705	156373	5613
2000	126743	9921455	156300	5531
2001	127627	10965517	155708	5567
2002	128453	12033269	154636	5497
2003	129227	13582276	152415	5321
2004	129988	15987834	153553	5548
2005	130756	18493737	155488	5633
2006	131448	21631443	152149	5795
2007	132129	26581031	153464	5819
2008	132802	31404543	156266	5910
2009	133450	34090281	158639	5965
2010	134091	39798315	160675	6022
2011	134735	47156370	162283	6107
2012	135404	51932200	164320	6131

中，上述的人口数量（×10⁴人）表头应为$\times 10^4$人，GDP为$\times 10^8$元，农作物总播种面积为$\times 10^4$公顷，供水总量为$\times 10^8$立方米。

表 3-23 1992~2012 年河南省人口、资源与经济数据

年份	河南省			
	人口数量 ($\times 10^4$ 人)	生产总值 ($\times 10^8$ 元)	农作物总播种面积 ($\times 10^4$ 公顷)	供水总量 ($\times 10^8$ 立方米)
1992	8861	1280	11936	206.71
1993	8946	1660	12068	215.25
1994	9027	2217	12088	200.61
1995	9100	2988	12137	217.03
1996	9172	3635	12257	208.02
1997	9243	4041	12277	216.99
1998	9351	4308	12567	230.35
1999	9387	4518	12660	228.57
2000	9256	5053	13137	204.87
2001	9555	5533	13128	231.29
2002	9613	6036	13360	218.82
2003	9667	6868	13684	187.62
2004	9717	8554	13806	200.70
2005	9380	10588	13923	197.78
2006	9392	12363	13995	226.98
2007	9360	15013	14088	209.28
2008	9429	18019	14147	227.53
2009	9487	19481	14181	233.71
2010	9405	23092	14249	224.61
2011	9388	27232	14259	229.05
2012	9406	29810	14262	238.61

通过计算可得到 1992~2012 年河南省相对资源人口与经济承载力数据，如表 3-24 所示。

第3章 单因素承载力实证分析

表3-24 河南省相对土地资源、水资源人口承载力、相对经济资源人口承载力以及相对土地资源、水资源经济承载力

年份	河南省				
	C_{npl}（×10^4 人）	C_{npw}（×10^4 人）	C_{ecp}（×10^4 人）	C_{gl}（×10^8 元）	C_{gw}（×10^8 元）
1992	9358.821	4661.3682	55.7056	21566.8192	107108.4017
1993	9680.882	4867.5414	55.6797	288619.7782	145117.8454
1994	9772.916	4548.4503	55.1285	393019.294	182916.6231
1995	9808.216	4871.5513	59.5307	492299.4556	244515.6268
1996	9844.547	4679.1692	62.5043	572519.8441	272121.9307
1997	9857.785	4770.8086	63.2602	629705.9876	304754.7564
1998	10069.44	5253.8752	63.6796	681209.1074	355430.808
1999	10183.67	5122.1995	63.3720	726027.8008	365178.7514
2000	10652.74	4694.6011	64.5503	833897.3406	367493.8503
2001	10760.44	5302.4697	64.3983	924520.9442	455580.1018
2002	11097.88	5113.3501	64.4332	1039631.611	479010.3552
2003	11602.15	4556.5814	65.3448	1219432.896	478914.9827
2004	11687.26	4702.3417	69.5477	1437471.337	578363.0644
2005	11708.4	4590.9678	74.8602	1656001.108	649332.7364
2006	12090.88	5148.5879	75.1264	1989707.752	847265.7346
2007	12129.45	4752.0119	74.6266	2440139.477	955985.2496
2008	12022.77	5112.7646	76.1979	2843101.313	1209048.337
2009	11929.31	5228.6001	76.2604	3047386.045	1335664.639
2010	11891.47	5001.3582	77.8030	3529399.038	1484407.096
2011	11838.49	5053.3898	77.8072	4143395.672	1768653.438
2012	11752.26	5269.7355	77.7243	4507406.502	2021129.056

在相对土地资源人口承载力 C_{npl} 和相对水资源人口承载力 C_{npw} 计算出来的基础上，计算相对自然资源人口承载力 C_{np}，最后再结合相对经济资源人口承载力计算相对资源人口承载力 C_{sp}；同样在计算出相对土地资源经济承载力 C_{gl} 和相对水资源经济承载力 C_{gw} 的基础上，利用前面介绍的加权平均法计算相对资源经济承载力 C_{sg}，计算结果如表3-25所示。

表 3-25　1992~2012 年河南省相对资源人口与经济承载力

年份	河南省	
	C_{sp}（×10^4 人）	C_{sg}（×10^8 元）
1992	3775.8708	172243.4522
1993	3905.6127	231219.0051
1994	3869.1290	308978.2256
1995	3946.5404	393185.9241
1996	3920.4502	452360.6788
1997	3943.1272	499725.4951
1998	4103.4454	550897.7876
1999	4111.2264	581688.1811
2000	4167.0164	647335.9445
2001	4320.8264	736944.6072
2002	4384.2512	815383.1088
2003	4424.6348	923225.7305
2004	4481.4212	1093828.028
2005	4468.1438	125333.759
2006	4626.5496	1532730.945
2007	4667.4823	1846477.786
2008	4662.6444	2189480.123
2009	4662.6155	2362697.483
2010	4606.6155	2711402.261
2011	4601.1298	3193498.779
2012	4618.4881	3512895.524

表 3-26　河南省相对资源人口承载力与实际人口的差以及经济承载力与生产总值之差

年份	河南省	
	$C_{sp}-P$（×10^4 人）	$C_{sg}-G$（×10^8 元）
1992	-5085.1292	170963.4522
1993	-5040.3873	229559.0051
1994	-5171.8710	306761.2256
1995	-5153.4596	390197.9241

续表

年份	河南省	
	$C_{sp} - P$ ($\times 10^4$ 人)	$C_{sg} - G$ ($\times 10^8$ 元)
1996	-5251.5498	448725.6788
1997	-5299.8728	495684.4951
1998	-5247.5546	546589.7876
1999	-5275.7736	577170.1811
2000	-5088.9836	642282.9445
2001	-5234.1737	731411.6072
2002	-5228.7488	809347.1088
2003	-5242.3652	916357.7305
2004	-5235.5788	1085274.028
2005	-4911.8562	1242745.759
2006	-4697.4563	1520367.945
2007	-4733.4504	1831464.786
2008	-4761.5177	2171461.123
2009	-4824.3556	2343216.483
2010	-4798.3845	2688310.261
2011	-4786.8702	3166266.779
2012	-4787.5119	3483085.524

3.5.4 结果分析

根据上述结果，可看出河南省实际人口数据 P 大于相对资源人口的承载力 C_{sp}，实际的生产总值小于相对资源经济承载力 C_{sg}，上述结果表示河南省目前的状况为人口密度相对较大，经济发展相对不足，因此河南省未来的发展方向应该定位为控制人口的快速增长，加快经济发展，通过经济发展来提高资源的人口承载力。

下面根据表中数据，画出相对资源人口承载力 C_{sp}、相对资源经济承载力 C_{sg}，及相对资源人口承载力与实际人口之差 $C_{sp} - P$、相对资源经济承载力与实际生产总量之差 $C_{sg} - G$ 对应的趋势图,如图 3-12 所示。

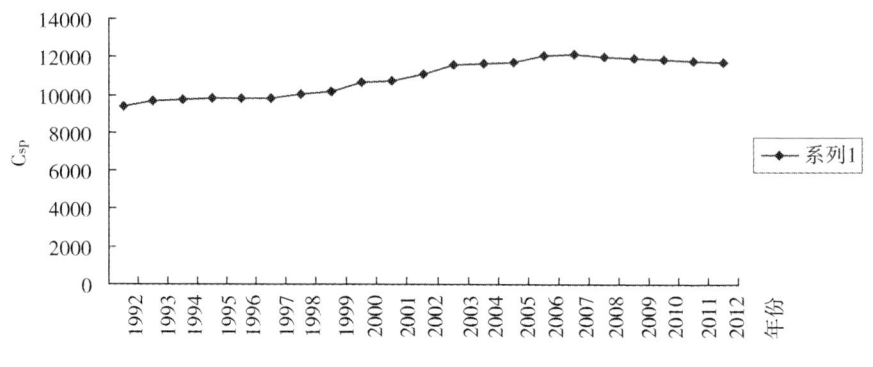

图 3-12 河南省相对资源人口承载力 C_{sp} 的趋势图

由图 3-12 可看出,1992~2012 年河南省相对资源人口承载力保持着持续增加的发展趋势,但增加较为缓慢。众所周知,河南省是个人口大省,人口数量众多。据第六次人口普查结果显示,截至 2010 年 11 月 1 日零时,河南省常住人口为 94023567 人,位居全国第三,分别低于广东和山东。同第五次全国人口普查 2000 年 11 月 1 日零时的 92558060 人相比,10 年内共增加 1465507 人,增长率为 1.58%,年平均增长率为 0.16%。河南虽然人口众多,但人口自然增长率已连续 15 年低于全国平均水平,表明河南省已进入全国低生育地区的行列。并且 2000~2010 年,每 10 万人中具有大学文化程度的由 2674 人上升为 6398 人,增加了两倍多,并且将继续以每年 12% 的速度增长;具有高中文化程度的由 10031 人上升为 13212 人;具有初中文化程度的由 39392 人上升为 42460 人;具有小学文化程度的由 33196 人下降为 24108 人。文盲率（15 岁以上不识字的人口占常住人口的比重）为 4.25%,比 2000 年人口普查的 5.87% 下降 1.62 个百分点。河南省 158 个县区"普九"义务教育全部通过国家验收,"普九"人口覆盖率达到 100%,这表明河南的人口总数在得到有效控制的同时,人口素质也有了进一步的提高。

根据图 3-13 可看出,1992~2012 年,河南省相对资源经济承载力保持持续增加的发展趋势。从数据上来看,和 1992 年相比,2012 年河南省生产总值增加了 28530 亿元,年平均增加 1359 亿元。从总量上来看,河南省生产总值较高，但是由于人口众多，因此人均生产总值仍然较少。目前河南的基本省情仍然是人口数量多，人均经济总量小。因此要想全面建设小康社会，必须保持较高的经济增长速度，没有高增速，很多问题如就业、民生、农业投入等一系列矛盾都将显现。

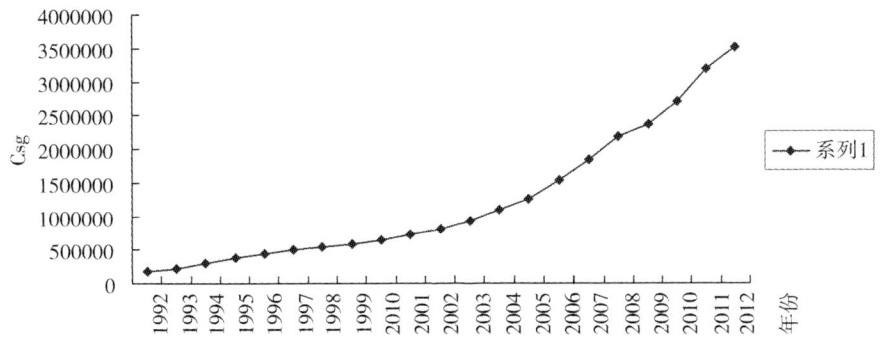

图 3-13　河南省相对资源经济承载力的趋势图

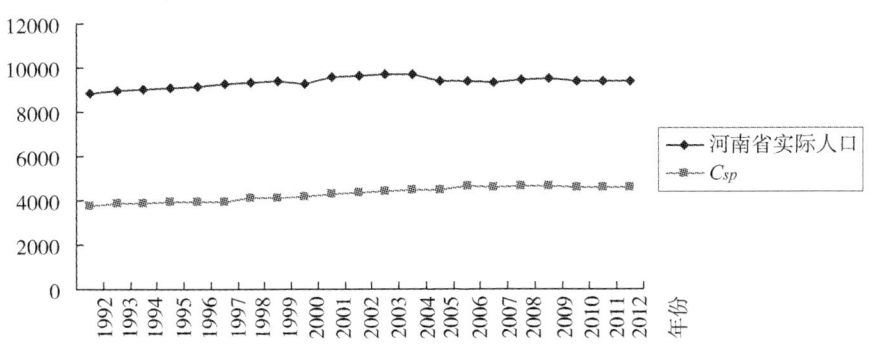

图 3-14　河南省 1992~2012 年实际人口数和相对资源人口承载力趋势图

根据图 3-14 可看出，虽然河南省实际人口和相对资源人口承载力取值较大，但是由于河南省的人口自然增长率已连续 15 年低于全国平均水平，因此河南虽然人口众多，但是河南省目前已进入全国低生育地区的行列，人口增加趋势已经得到有效控制。

根据图 3-15 可看出，河南省虽然近些年来经济取得了较大发展，但是在当前经济快速发展的大环境下，河南省经济仍然有较大的发展空间。

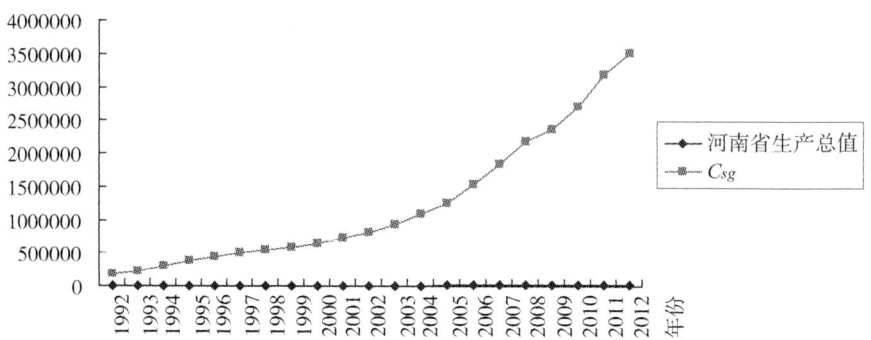

图3-15　河南省1992~2012年生产总值和相对资源经济承载力趋势图

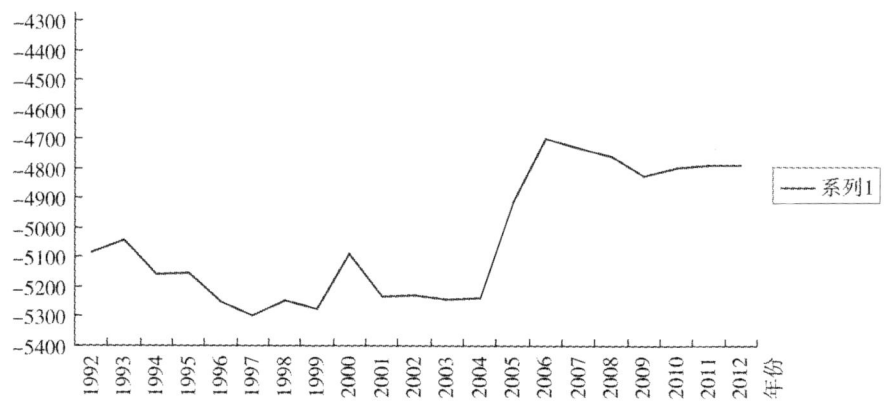

图3-16　河南省1992~2012年相对资源人口承载力与实际人口的差

根据河南省相对资源人口承载力和实际人口之间的对比关系来看，河南省相对资源人口承载力变化大体可分成两个阶段：第一阶段为1992~2003年，此阶段相对资源人口承载力和实际人口之间的差距较大，河南省人口密度相对较大；第二阶段为2003~2012年，此阶段相对资源人口承载力和实际人口之间的差距虽然仍然较大，但和第一阶段相比，有了一定改善，此阶段为相对资源人口承载力的调整阶段。

根据河南省相对资源经济承载力和实际生产总值之间的对比关系来看，

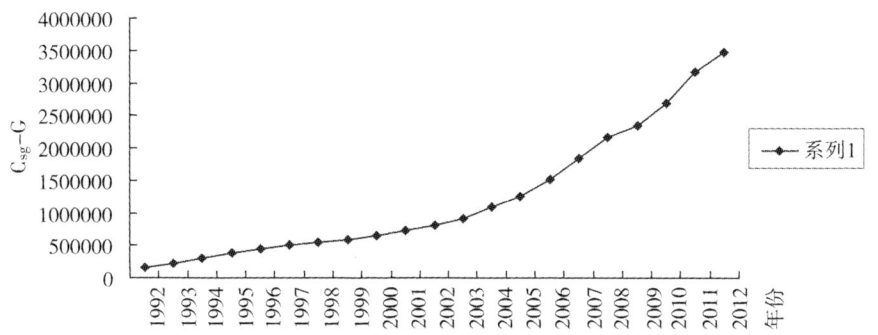

图 3 – 17　河南省 1992 ~ 2012 年相对资源经济承载力与实际生产总值之间的差

河南省相对资源经济承载力的变化大体也可分成两个阶段：第一阶段为 1992 ~ 2003 年，此阶段相对资源经济承载力和实际生产总值之间的差距较少，河南省经济发展略显不足；第二阶段为 2003 ~ 2012 年，此阶段相对资源经济承载力和实际生产总值之间的差距继续加大，并且差距增加的速度加快，说明这一阶段虽然河南省的经济虽然取得了一定的发展，但是在全国经济快速发展的大环境下，河南省的相对资源经济承载力仍显不足，因此，河南省在今后相当长的一段时期内仍然以快速发展区域经济为核心目标。

3.5.5　河南省未来发展方向

河南省地处亚热带向暖温带过渡地带，土地资源丰富，适合多种农作物生产，是全国最大的粮食生产基地，也是全国小麦、棉花、油料、烟叶等农产品重要生产基地。河南省粮食产量连续 10 年居全国首位，河南省不仅解决了河南省中国第一人口大省的吃饭问题，而且每年外调大约 200 亿斤粮食支援外省。河南省油料产量和牛肉产量均占全国 1/7，棉花产量占全国 1/6，小麦、玉米、烟叶、豆类等农产品和肉类、蛋奶类产量也位居全国前列，除此之外，河南省矿产资源也非常丰富，是全国矿产资源大省之一，截至 2012 年末已发现的矿种有 141 种，已探明资源储量的矿种有 106 种，已开发利用的矿产 92 种。其中，能源矿产 6 种，金属矿产 23 种，非金属矿产 61 种，水气矿产 2 种。

河南省虽然土地资源、矿产资源丰富，但水资源缺乏，河南目前已成为严重缺水大省。据有关统计，河南省水资源总量约 414 亿立方米，人均占有量仅 440 立方米，仅是全国平均水平的 1/6，居全国第 22 位，并且这种水资源匮乏的状态还会继续下去。据联合国公布的数字表明，如果水资源人均占有量只有 1000 立方米，表明已经触及缺水的警戒线，而如果水资源人均占有量只有 500 立方米，则表明该地区严重缺水，而河南省人均占有量仅 440 立方米，表明河南省目前处于严重缺水状态。南水北调工程的建设和运用对改善河南省严重缺水、改善生态环境，保证河南省经济可持续发展具有重要意义。

为了促进河南省经济健康、快速发展，在对河南省自然资源合理开发、治理和利用的同时，也要制定相应的经济、人口等发展目标。根据河南省相对资源人口承载力和相对资源经济承载力发展趋势来看，河南省当前人口发展速度已经趋于平缓，但经济承载力尚有盈余，因此，河南省今后要解决的核心问题是提高经济发展水平、改善经济发挥质量、提高区域的人口承载力。

3.6 基于改进后的相对资源承载力分析模型的实证分析

在前面的实证分析中，我们采用加权线性和法以全国为参照区对河南省的人口及经济承载状况进行了对比分析。加权线性和法为我们分析区域的相对资源承载力提供了方便，但是此方法最大的缺点就是权数的选择具有很大的主观性，基于此，李泽红等对基于加权线性和法的相对资源承载力分析模型进行了改进，提出了几何相对资源承载力模型具体模型。

3.6.1 几何相对资源承载力模型介绍

首先给出相对资源人口承载力的计算公式。

（1）相对资源人口承载力。

$$C_{sp} = \sqrt[3]{C_{npl} \times C_{npw} \times C_{ecp}} \quad (3.6-1)$$

同样，这里 C_{sp} 表示相对资源人口承载力，C_{npl} 表示相对土地资源人口承载力，C_{npw} 表示相对水资源人口承载力，C_{ecp} 表示相对经济资源人口承载力，且

$$C_{npl} = I_{pl} \times Q_l \quad C_{npw} = I_{pw} \times Q_w \quad C_{ecp} = I_{pec} \times Q_{ec0}$$

同样，I_{pl} 为土地资源人口承载指数，且 $I_{pl} = \dfrac{P_0}{Q_{l0}}$，$P_0$ 为参照区域人口数量，Q_{l0} 为参照区农作物总播种面积，Q_l 为研究区域农作物的播种面积；I_{pw} 为水资源人口承载指数，且 $I_{pw} = \dfrac{P_0}{Q_{w0}}$，$Q_{w0}$ 为参照区供水总量，Q_w 为研究区域供水总量；I_{pec} 为经济资源人口承载指数，且 $I_{pec} = \dfrac{P_0}{Q_{eco}}$，$Q_{ec0}$ 为参照区国内生产总值，Q_{ec} 为研究区域的国内生产总值。

（2）相对资源经济承载力。

$$C_{sg} = \sqrt{C_{gl} \times C_{gw}} \quad (3.6-2)$$

同样，C_{sg} 表示相对资源经济承载力，C_{gl} 和 C_{gw} 分别表示相对土地资源经济承载力和相对水资源经济承载力，且 $C_{gl} = I_{gl} \times Q_l$，$C_{gw} = I_{gw} \times Q_w$，$I_{gl}$、$I_{gw}$ 分别表示土地资源、水资源经济承载指数，且 $I_{gl} = \dfrac{G_0}{Q_{l0}}$，$I_{gw} = \dfrac{G_0}{Q_{w0}}$，$G_0$ 表示参考区的生产总值。

3.6.2 实证分析

同样利用 1992~2012 年河南省和全国的人口、生产总值、供水总量和农

作物播种面积数据为样本数据,利用几何相对资源承载力模型对河南省的相对资源承载状况进行分析。

根据 1992~2012 年河南省及全国相关数据利用几何相对资源承载力模型可得出河南省相对资源人口承载力 C_{sp} 及经济承载力 C_{sg},如表 3-27 所示。

表 3-27　1992~2012 年河南省相对资源人口与经济承载力

年份	河南省	
	C_{sp}（×10⁴ 人）	C_{sg}（×10⁸ 元）
1992	1345.74019	151985.9477
1993	1379.24207	204655.5163
1994	1348.20064	268122.6623
1995	1416.87927	346950.8754
1996	1422.62808	394709.0135
1997	1438.24836	438070.6505
1998	1499.09241	492059.6544
1999	1489.65599	514907.6867
2000	1477.92571	553581.1995
2001	1543.10036	648994.1031
2002	1540.58322	705687.1172
2003	1511.69061	764201.9917
2004	1563.51947	911800.5967
2005	1590.56309	1036964.672
2006	1672.29449	1298387.924
2007	1626.31288	1527330.137
2008	1673.14803	1854035.305
2009	1681.77044	2017494.928
2010	1666.37749	2288900.386
2011	1669.67889	2707070.557
2012	1688.45318	3018285.979

表3-28 河南省相对资源人口承载力与实际人口的差以及经济承载力与生产总值的差

年份	河南省	
	$C_{sp}-P$（$\times 10^4$ 人）	$C_{sg}-G$（$\times 10^8$ 元）
1992	-7515.2598	150705.9477
1993	-7566.7579	202995.5163
1994	-7678.7994	265905.6623
1995	-7683.1207	343962.8754
1996	-7749.3719	391074.0135
1997	-7804.7516	434029.6505
1998	-7851.9076	487751.6544
1999	-7897.3440	510389.6867
2000	-7778.0742	548528.1995
2001	-8011.8996	643461.1031
2002	-8072.4168	699651.1172
2003	-8155.3094	757333.9917
2004	-8153.4805	903246.5967
2005	-7789.4369	1026376.672
2006	-7719.7055	1286024.924
2007	-7733.6871	1512317.137
2008	-7755.8520	1836016.305
2009	-7805.2296	1998013.928
2010	-7738.6225	2265808.386
2011	-7718.3211	2679838.557
2012	-7717.5468	2988475.979

根据上述数据可画出新模型下相对资源人口承载力 C_{sp}、相对资源经济承载力 C_{sg} 及相对资源人口承载力与实际人口之差 $C_{sp}-P$、相对资源经济承

载力与实际生产总量之差对应的趋势图,并在趋势图中对新旧模型下 C_{sp}、C_{sg}、$C_{sp} - P$、$C_{sg} - G$ 的取值进行了对比,如图 3 - 18 所示。

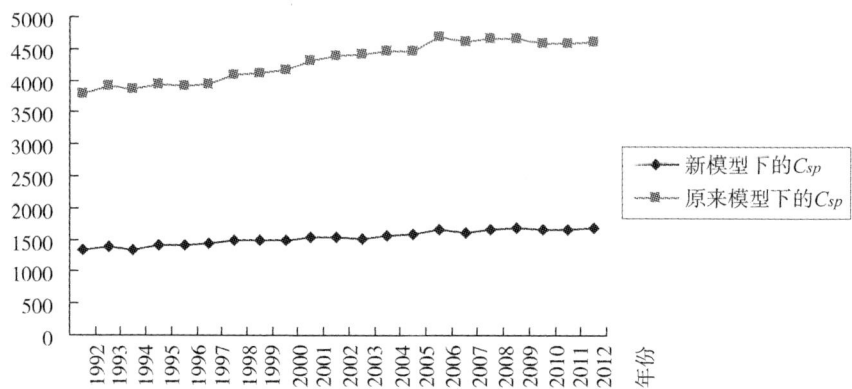

图 3 - 18　1992~2012 年新旧模型下河南省相对资源人口承载力趋势图

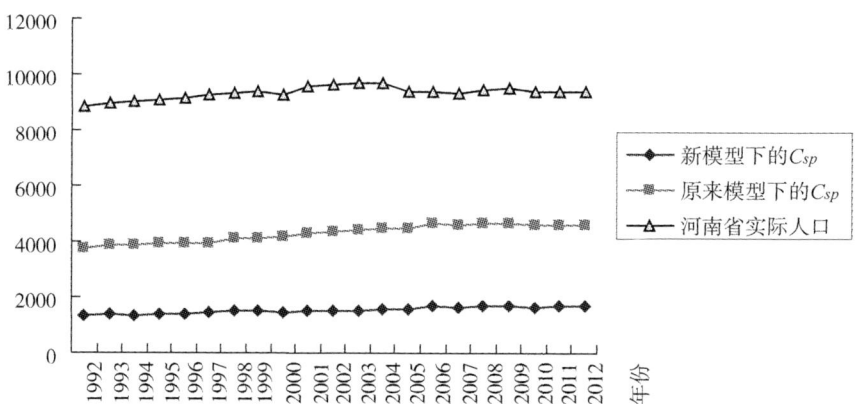

图 3 - 19　新旧模型下河南省相对资源人口承载力以及河南省实际人口趋势图

根据图 3 - 19 可看出,1992~2012 年新旧模型下河南省相对资源人口承载力 C_{sp} 的取值均保持缓慢增加的趋势,两者变动趋势大致相同,从取值大小上来看,原来模型下给出的相对资源人口承载力的取值要比新模型下相对资源人口承载力的取值大。新模型下所反映的河南省人口超载问题比原来模型下所反映的人口超载问题更为严重。

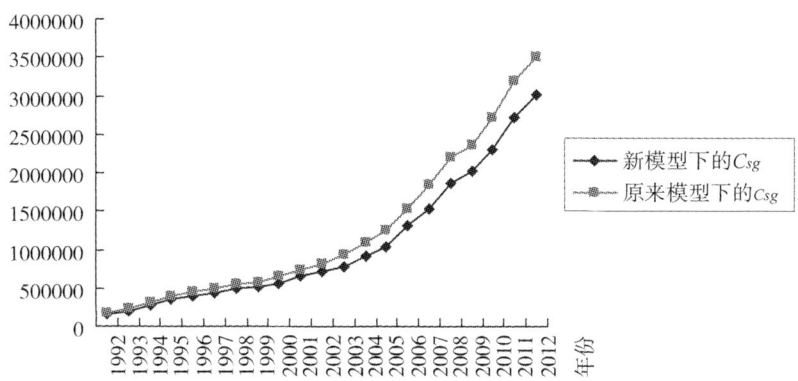

图 3-20　1992~2012 年新旧模型下河南省相对资源经济承载力趋势图

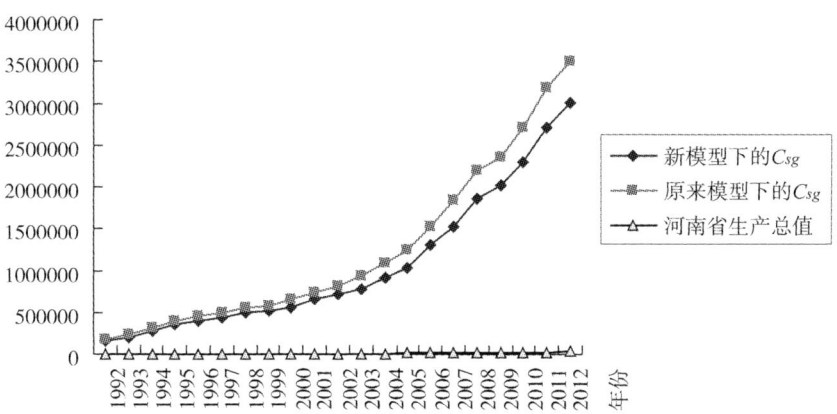

图 3-21　新旧模型下河南省相对资源经济承载力及河南省生产总值趋势图

根据图 3-21 可看出，1992~2012 年新旧模型下河南省相对资源经济承载力 C_{sg} 的取值均保持增加的趋势，并且从 2000 年开始变动速度加快，两种模型下 C_{sg} 取值的变动趋势非常接近。从取值大小上来看，原来模型下给出的相对资源人口承载力的取值要比新模型下相对资源人口承载力的取值小。新旧模型下 C_{sg} 的取值和河南省生产总值之间的关系均反映出河南省目前的经济发展状况为经济发展相对不足，经济发展空间仍然很大。

由图 3-22 可看出，1992~2012 年新旧模型下河南省相对资源人口承载力及河南省实际人口之差的趋势大致相同，由图 3-23 可看出，1992~2012

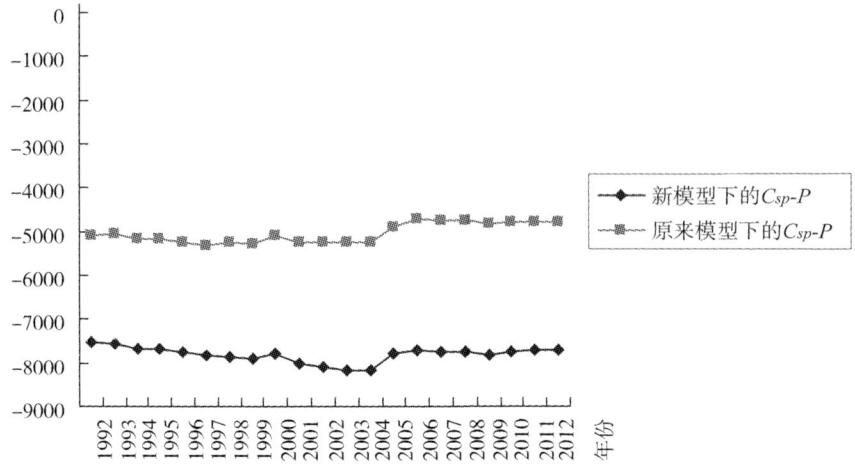

图 3-22　新旧模型下河南省相对资源人口承载力及河南省实际人口之差趋势图

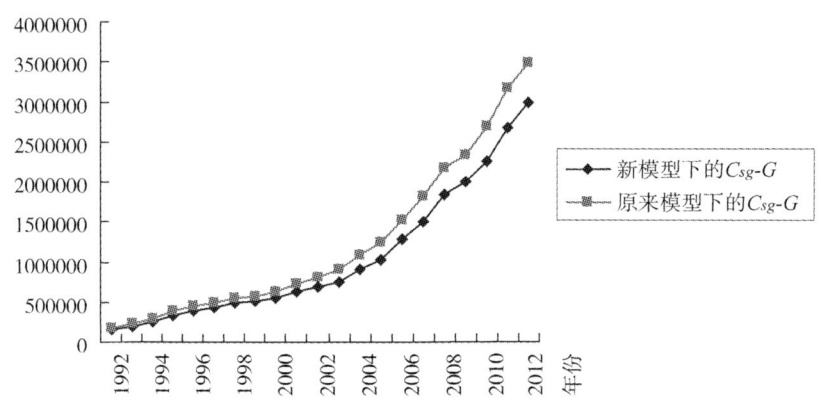

图 3-23　新旧模型下河南省相对资源经济承载力及河南省生产总值之差趋势图

年新旧模型下河南省相对资源经济承载力及河南省实际生产总值之间的趋势图也非常接近。由图 3-22、图 3-23 再次证实了河南省目前的状况为人口密度相对较大，经济发展相对不足。因此河南省未来的发展方向应该定位为继续控制人口增长，加快经济发展，通过经济发展来提高资源的人口承载力。

第 3 章　单因素承载力实证分析

本章小结

本章分别利用层次分析法及相对资源承载力分析法对郑州市、河南省的某些单因素的承载力进行了分析。

3.1 节从传统土地资源承载力和土地资源综合承载力两个方面对郑州市的土地资源承载状况进行了分析。两种方法的主要区别在于：传统土地资源承载力研究仅限于耕地；而土地资源综合承载力除耕地外，还考虑到建设用地、园林、林地、牧草地等土地资源。

3.2 节利用相对土地资源承载力分析法，以全国为参照区对河南省的土地资源承载状况进行了分析。分析结论显示：1978～2012 年，河南省相对于全国来说，相对土地资源人口承载力仍有盈余，经济发展规模相对不足。

3.3 节利用相对资源承载力分析法，以全国为参照区，对河南省水资源承载状况进行分析。分析结论显示：河南省 1992～2012 年水资源人口承载力及经济承载力仍有盈余，因此，河南省应在充分调动水资源优势，加强水资源保护的同时，促进经济发展。

3.4 节利用相对资源承载力分析方法以全国为参照区，对河南省 1992～2012 年的经济承载状况进行了分析。分析结论显示：相对于全国来说，河南省经济发展相对不足，河南省应在充分利用各种资源的优势，合理开发和利用，杜绝浪费的基础上加快经济发展。

3.5 节以全国为参照区，分析了河南省包括土地资源和水资源在内的自然资源的承载状况。分析结论显示：河南省 1992～2012 年人口密度相对较大，经济发展相对不足。

3.6 节利用改进后的几何相对资源承载力模型对河南省相对资源承载状况进行了分析，并对新旧两种方法下的相对资源人口承载力取值及相对资源经济承载力取值进行了对比分析。

第4章 区域生态承载力

4.1 生态承载力的内涵

前面分析了土地资源承载力、水资源承载力、矿产资源承载力、森林资源承载力、环境承载力、经济承载力等单因素承载力,传统的承载力研究大多数侧重于某些单因素承载状况进行分析的,像这种将资源、环境、经济从生态系统中割裂出来,不考虑生态系统整体效应的做法,会使生态承载力整体下降,另外,单因素承载状况分析多侧重于现状分析,缺乏对资源承载力动态变化规律及发展趋势预测的研究,基于以上分析,我们在处理承载力相关问题时,应将生态系统作为一个整体,在整体中考虑子系统(环境、资源、经济)的承载力,不能因为片面追求子系统承载力的最大化而损害了生态系统整体效应。

4.1.1 生态承载力的研究背景

承载力一词出自于生态学,随后扩展到很多领域,出现种群承载力、资源承载力、环境承载力、生态承载力等相关概念,这些概念的产生都是对社会发展中出现问题的一种反映。不同承载力之间的意义相差较大,但本质都是一样的,在社会的不同发展阶段,所产生的承载力概念也有所不同。在可持续发展被提出来之后科学家们又提出可持续发展应该建立在可持续的承载力上。

随着社会的发展，承载力和可持续发展之间的关系已经得到了学者的普遍认可。承载力和可持续发展所面临的问题都是资源、环境、人口与发展问题，但不同的是，在分析所面临的问题时考虑的角度不同，承载力是根据自然资源和环境的实际承载力来确定人口与经济发展的速度，而可持续发展则是从另外一个更高的角度看问题，尽管如此，可持续发展终究也脱离不了自然资源和环境的限制。他们之间的关系可以这样理解：可持续发展是目标，人是纽带，而承载力是基础。

面对众多类型的承载力，可持续发展究竟应该以什么承载力为基础呢？由于不同领域承载力概念之间的差异，这个问题出现很多纷争，但是有一点是一致的，那就是可持续发展首先是人的发展，是人与其生存环境的共同发展。人必须通过消耗资源才能维持衣食住行，并且人类在消耗资源的同时又必须排放大量的废物，所以人类想要持续地生存下去就必须要有持续的资源供给，同时，也必须要有足够的环境容量来容纳人类所排放的废弃物，但是资源是有限的，环境容量也是有限的，因此人类的发展除了受到资源的限制之外，还要受到环境容量的约束，也就是说，要受到环境承载力和资源承载力的双重限制。其实资源承载力和环境承载力都是从单方面因素来考虑的，如果从整个系统来看，资源系统和环境系统都是生态系统的一部分。如果生态系统遭到破坏，那么单要素的承载力也就失去了意义，当然可持续发展也就实现不了。所以人类的活动必须要限制在生态系统的某个承受阈值之内，从这个意义上讲，人类的可持续发展必须建立在生态系统的承载力基础上。

生态承载力的提出对于承载力理论的研究是一个很大的进步，和单因素承载力相比，生态承载力更多地关注生态系统的整合性、持续性和协调性，生态承载力的提出为实现由单纯支撑人类的社会进步变成促进整个生态系统和谐发展的进步奠定了基础。

4.1.2 生态承载力的国外研究现状

1921 年，Park 和 Burges 首次提出了承载力的概念，他们认为，承载力是指在某一种特定的环境条件下（特定的环境条件主要是指生存空间、营养物质、阳光等生态因子的配合），某种生物个体所存在可能数量的最高极限。此承载力的概念仅仅强调了承载力是一种最大极限的容纳量，没有考虑支撑主体。

1922 年，Hadwen 和 Palmer 在研究阿拉斯加的驯鹿种群时，提出了针对草场生态系统的承载力概念，他们认为，草场生态承载力指的是草场上可以支持的不会损害草场的牲畜的数量。他们开始要求支撑主体的不受损害，体现出了可持续发展的内涵。

随着生态失衡的加剧，严峻的生态危机促使科学家从系统的整体来看待生态问题。20 世纪 70 年代后，Honing 等提出了生态承载力，Honing 和 Guderson 等在此基础上，通过 10 多年的努力，初步建立了生态承载力的理论模型。理论模型的建立为定量研究生态承载力奠定了基础。

4.1.3 生态承载力的国内研究现状

国内关于生态承载力的研究略显落后，始于 20 世纪 90 年代初。由于研究领域的不同，学者们对生态承载力的定义也不尽相同。比较被认可的是高吉喜的生态承载力概念，高吉喜认为生态承载力指的是生态系统的自我维持、自我调节的能力、资源与环境的共生、共容能力以及其可维持的社会经济活动强度和具有一定生活水平的人口数量。国内另一学者王家骥也对承载力做出了解释，王家骥认为，生态承载力是自然体系调节能力的一种客观反映，地球上不同等级的自然体系都具有自我维持的生态平衡能力，之所以如此，是因为系统功能的核心是生物，而生物具有适应环境变化的能力，生物的这种能力是其与环境相互作用的结果。同 Smaal、Hudak 两位国外学者的观点一致，国内学者李金海在给出生态承载力的定义时也认为生态系统存在一个"维持和调节系统能力的阈值"，超过此阈值，生态系统就会失去平衡。国内学者黄青和任志远认为，生态承载力指的是在保证资源合理开发利用和生态环境良性循环的条件下，某一特定的生态系统在某一时期内可持续承载的人口数量、经济强度以及社会总量的能力。隋昕和齐晔则提出在一定的社会经济条件下,生态系统维持其服务功能及自身健康的能力并不是固定不变的,这种能力和社会经济发展水平有直接的关系。因此,张林波认为生态承载力应综合考虑社会经济因素以及由此所造成的动态性,并与管理目标相结合,以经济社会发展的最大负荷(其中包括人口总量、经济规模及发展速度等)为承载对象。

4.1.4 生态承载力的度量方法

对于承载力的量化,国内外提出了许多较易操作的定量评价方法。包括:

(1) 系统模型预估法。随着承载力研究的逐步完善,各种数理模型开始进入承载力的研究当中,目前经常使用的生态承载力计算模型有以下几种:

分类统计法:是把研究区域的土地分成多种类型,每一种类型的土地假设有一个最高的支持人口数目,计算出每一种类型土地的支持人口数目,然后汇总计算出该区域可支持的最大人口数目。

比较密度法:是法国地理学家贝拉克提出的,通过单位面积农用土地上的平均人口数来反映生态承载力的一种方法,其中,农用土地指的是耕地、多年生长植物及可利用的草原牧场。

趋势外推法:是利用长期趋势进行预测的一种方法,此方法是通过时间序列的发展趋势,拟合合适的趋势线模型,利用此模型对未来的趋势进行外推预测的一种方法。例如,根据某地区历年的人口数据可拟合一条人口变化曲线,利用趋势外推法可得出未来时期的人口数。

限制因子法:是通过选定区域内生态系统的主要限制因素,用该限制因素确定生态承载力大小的一种方法。限制因子一般选择为粮食,还可以是淡水资源、土地空间、能源、绿地面积等,如果限制因子超过一个,则分别计算出不同限制因子可供养的人口数,以最小可供养的人数作为生态承载力的值。

系统动力学法:是一种能处理高阶次、非线性、多重反馈、复杂多变的系统问题的一种方法。用此方法进行生态承载力研究时,能比较容易地得出不同方案下的生态承载力,并且能较真实地模拟出区域资源和社会经济、环

境协调发展状况以及区域承载力变化趋势。目前，国内外对承载力进行研究时多采用系统动力学法。建立系统动力学模型一般包括以下步骤：对结构进行分析并绘制因果关系图，在因果关系的基础上建立系统流程图，直观反映各个变量之间的相互关系，利用各变量之间的关系，利用系统动力学仿真语言，引进回归分析，灰色分析各种数学方法，建立变量之间的关系方程，在计算机上模拟实验，对照原始数据和实验数据，对方程参数进行修正，直到原始数据和实验数据比较接近为止。利用系统动力模型可以把握系统之间的各种关系，将系统与环境、系统内部各子系统之间的关系通过一系列微分或函数关系表示出来，从而可以对系统结构、系统功能以至于系统的发展趋势进行预测和控制。系统动力学的最终目的是寻找系统较优的结构或者参数，因此系统动力学模型能较好地为决策者提供决策依据，在土地承载力、资源承载力、环境承载力等方面有着广泛的应用。系统动力学模型只有在与其他模型如数理统计方法、灰色系统模型、计量经济模型、投入产出模型等支持下才能更好地发挥作用，也可以与线性规划方法、非线性规划方法等相结合。

（2）自然植被第一性生产力测算法。植被净第一性生产力（Net Primary Producuctivity，NPP）一直是生态学的一个重要的研究方向。NPP不仅是评价生态系统结构与功能协调性的重要指标，而且也是人类及生物得以生存的生物圈功能基础和作为大气成分改变的主要合作者，尤其是CO_2浓度的变化，对于全球气候变化有着极其重要的作用。它是植物自身生物学特性与外界环境因子相互作用的结果，反映了某一自然体系的恢复能力。虽然生态承载力受众多因素及不同时空条件的限制，但是在特定的生态区域内第一性生产者的生产能力是围绕某个中心位置上下波动的，并且这个生产能力是可以被测定的。与背景数据相比，偏离中心位置的数据我们称为生态承载力的阈值，这种极端值出现一般是由于某一自然体系受到内外干扰而变化为另外一个自然体系，如由绿洲衰退为荒漠，由荒漠改造成绿洲等等。因此，我们可以通过对NPP自然植被净第一性生产力的估算来确定该区域生态承载力的指示值，进而判断目前状况下生态环境的质量偏离本底数据的程度，确定该区域的开发类型及开发强度。由于对各种控制因子的侧重不同，以及对净第一性生产力控制原理解释角度的不同，世界上产生了很多模拟第一性生产力的模型,这些模型大致可分为以下三类:气候统计模型、过程模型以及光能利用率模型。我国关于净第一性生产力方面的研究起步较晚,并且研究过程中一般采用的是气候统计模型。国内学者对净第一性生产力所进行的代表性研究有:周广胜、张新时根据水热平衡联系方程及植物的生理生态性特点所建立的自然植被的净第一性生产力模型;王家骥、姚小红等以黑河流域为例,说明了利用自然植被的净第一性生产力数据可以反映自然体系的生产能力和受内外干扰后的恢复能力,是自然体系生态完整性维护的一种指示。李金海研究了大陆典型的生态系统净第一性生产力的背景值以及确定自然系统最优生态承载力的依据,提出了提高区域生态承载力并实现区域可持续发展的基本对策,并据此计算了河北丰宁县的生态承载力。

(3) 供需平衡法。区域生态承载力体现了一定时期、一定区域的生态环境系统,对区域社会经济发展和人类各种需求如生存需求、发展需求和享乐需求在量与质的方面的满足程度。因此,衡量区域生态承载力可以从该地区现有的各种资源量与当前发展模式下社会经济对各种资源的需求量,即供需之间的差量关系以及该地区现有的生态环境质量与当前人们所需求的生态环境质量之间的差量关系入手进行讨论。若该差值大于0,则表明该区域的生态承载力在可承载范围内;若该差值等于0,则表明该区域的生态承载处于临界状态;若该差值小于0,则表明该区域的生态承载力处于超载状态。供需平衡法需建立一套包括社会经济系统类和生态环境系统类(包括环境资源与环境质量)的指标体系。该方法一般只能根据人口变化曲线求出未来时期的人口数,然后分别计算这些人口的需求量,判断该需求量是否在研究区域的承载力范围之内,此方法并不能计算出未来时期的确切承载力值,并且该方法也不能表现出研究区域内的社会经济发展状况以及人类的生活水平状况。国内学者王中根等利用供需平衡法对西北干旱区河流进行了生态承载力评价分析,结论显示供需平衡法可以对区域生态承载力进行有效的分析和预测。

(4) 状态空间法。是一种时域分析方法,它不仅描述了系统的外部特征,而且还揭示了系统的内部状态和性能。状态空间法是欧式几何空间中用于定量描述系统状态的一种方法,通常由表示系统各要素状态向量的三维状态空间轴所组成。在研究生态承载力时,三维状态空间的坐标轴分别代表人口、经济社会活动、区域资源环境,三维空间中的点表示承载状态点,不同的点表示不同情况下的承载状态。

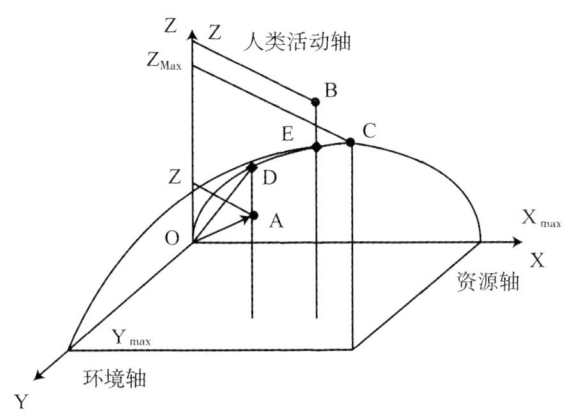

图 4-1　系统承载概念模型示意图

如图 4-1 所示的三维状态空间的三个坐标轴分别表示人口、经济社会活动、区域资源环境,状态空间中的三个点 A、B、C 称为承载状态点,可表示在一定时间尺度内的不同承载状况。不仅不同的人类活动强度对资源环境的影响不尽相同,而且不同的资源环境组合所对应的人类活动强度也不相同,比如图中的 D 和 E 点分别代表了两种资源环境组合下的区域承载力。状态空间中由不同的资源环境所对应的区域承载力点构成了区域承载力的曲面。任何低于该曲面的点(如 A)代表某一特定资源环境组合下人类的经济活动低于其承载力,而任何高于该曲面的点(如 B)代表在某一特定的资源环境组合下人类的经济活动高于其承载力,在该曲面上的点表示刚好满载。应用状态空间法可以定量地描述和测度区域承载力及其承载状态。近年来,随着状态空间法的逐步完善,状态空间法开始运用到军事、生物医学、社会经济及人类生活等诸多领域,并且有广阔的发展前景。

（5）综合指标评价法。高吉喜认为,承载力可理解为承载媒体对承载对象的支持能力。如果要确定一个生态系统的承载状况,必须先知道承载媒体的承载力大小以及被承载力对象的压力大小,然后才能判断该承载体是否超载。所以高吉喜提出承压指数、压力指数和承压度用以描述生态系统的承载状况。

1) 生态系统承载指数。根据生态承载力定义,生态承载力的支持能力大小取决于生态弹性能力、资源承载能力和环境承载能力3个方面,因此生态承载指数也相应地从这3个方面确定,分别称为生态弹性指数、资源承载指数和环境承载指数。

生态弹性指数表达式为:

$$CSI^{eco} = \sum_{i=1}^{5} S_i^{eco} W_i^{eco} \qquad (4.1-1)$$

式(4.1-1)中,S_i^{eco}为生态系统特征要素,$i=1,2,3,4,5$分别表示地形地貌、土壤、植被、气候和水文要素;W_i^{eco}为相应的权重。

资源承载指数表达式为:

$$CSI^{res} = \sum_{i=1}^{4} S_i^{res} W_i^{res} \qquad (4.1-2)$$

式(4.1-2)中,S_i^{res}为资源组成要素;$i=1,2,3,4$分别代表土地资源、水资源、旅游资源和矿产资源;W_i^{res}为要素i的相应权重值。

环境承载指数表达式为:

$$CSI^{env} = \sum_{i=1}^{3} S_i^{env} W_i^{env} \qquad (4.1-3)$$

式(4.1-3)中,S_i^{env}为环境组成要素;$i=1,2,3$分别表示水资源、大气环境和土壤环境;W_i^{env}为要素i的相应权重值。

2) 生态系统压力指数表达式。生态系统的最终承载对象是具有一定生活质量的人口数量,所以生态系统压力指数可通过承载的人口数量和相应的生活质量来反映。其表达式为:

$$CPI^{pop} = \sum_{i=1}^{n} P_i^{pop} W_i^{pop} \qquad (4.1-4)$$

式(4.1-4)中,CPI^{pop}为以人口表示的压力指数;P_i^{pop}为不同类群人口数量;W_i^{pop}为相应类群人口的生活质量权重值。

3) 生态系统承载压力度。承载压力度的表达式为:

$$CCPS = \frac{CCP}{CCS} \qquad (4.1-5)$$

式（4.1-5）中，CCS 和 CCP 分别表示生态系统中支持要素的支持能力大小和相应压力要素的压力大小。

（6）生态足迹法。生态足迹的概念来源于加拿大英属哥伦比亚大学教授、生态经济学家 William E. Rees，生态足迹指的是能为一个特定生活标准的人群提供所需要的资源、吸纳其废弃物的地球上的相应生物生产性土地面积。生态足迹法最早是 William E. Rees 在 1992 年提出并于 1996 年由其博士生 Mathis Wackeragel 完善的一种衡量人类对自然资源利用程度以及自然界为人类提供生命支持服务功能的方法。

生态足迹法以其理论优势，近几年来在评价人类对生态系统的影响方面得到了广泛应用。

4.2　生态足迹法的理论概述

4.2.1　生态足迹法的简单介绍

4.2.1.1　生态足迹法的提出

美国海洋学家 Rachel Carsond 在 1962 年发表的《寂静的春天》一书中，揭示了有害物质扩散与循环的恐怖性规律。指出造成新型环境危害的根源是人类对自然（包括其中的生态系统）在规模上盲目的污染扩散型开发、生态系统结构急剧简化以及对周围环境肆无忌惮的化学控制。并指出，环境问题中积累的有害因素一旦超过某个临界值，就会产生我们无法控制的质变。自此人类开始关注地球生态系统的平衡和资源合理利用问题。

生态足迹法（Ecological Footprint Analysis）是 1992 年加拿大的生态经济学家 Willian Ress 和他的博士生 Wackernagel 提出的是一种度量可持续发展程度的生物物理方法。国内对生态足迹法的研究起步较晚，从 2000 年才开始逐渐有人将这个概念引入到我国。目前，生态足迹更多的是被作为度量可持续发展程度的指标和方法进行研究的，生态足迹的概念一经给出，在全世界范围内引起了强烈的反响，其理论方法和计算模型得到了迅速的发展和完善。

生态足迹的定义是：任何已知人口的生态足迹是生产这些人口所消费的所有资源和吸纳这些人口所产生的所有废弃物所需要的生物生产性土地的总面积。生态足迹法的基本思想是用生态性生产土地面积表达特定的经济系统和人口对自然资源的消费量，并与该地区实际的生态供给能力进行比较，进而判断出该地区的发展是否处于生态承载力的安全范围之内。换句话说，是从需求面计算生态足迹的大小，从供给面计算生态承载力的大小，通过对两者的比较，来评价研究对象的可持续发展状况。E. R. William 曾经形象地将生态足迹比喻为"一只负载着人类与人类所创造的城市、工厂……的巨脚留下的脚印"。生态足迹是一种分析资源利用的工具，它用生态空间的大小来表示人类对自然资本的消费及自然系统所能够提供的生态服务功能，进而来反映区域资源的消耗程度，判断研究区域的可持续发展状况，判断人类对生态系统的压力是否处于生态系统的承载力范围之内，最终对人类经济活动的可持续性作出评价。生态足迹法度量的区域可以是一个国家，也可以是一个城市。

4.2.1.2 生态足迹的研究现状

生态足迹法以其理论优势引起了众多学者的兴趣，很多学者利用生态足迹法进行了案例分析。

从国外来看，Wackernagel 在 1997 年最早使用了生态足迹法，他应用生态足迹法对世界上 52 个国家和地区的生态足迹进行了实证分析。结果显示，就全世界范围而言，1997 年人均生态足迹为 2.8 公顷，而人均生态承载力为 2 公顷，人均生态赤字为 0.8 公顷，在所计算的 52 个国家和地区中有 35 个存在生态赤字，只有 12 个国家和地区处于生态盈余。从世界范围而言，人类的生态足迹已超过了全世界生态承载力的 35%，而且经济越发达的国家，生态赤字也越大。Folke 等在 1997 年也采用生态足迹方法计算了波罗的海周围城市占用的生态系统面积。Wackernagel 等在 1999 年将生态足迹指标应用于瑞典及其他地区，改进了生态足迹与生物承载力的计算方法。Wuuren 等在

2000 年分析了贝宁、不丹、哥斯达黎加和荷兰等发达国家的生态足迹。Ecological Economics 杂志在 2000 年出版专辑，对生态足迹的理论及其优缺点进行了深入的分析和讨论。

从国内来看，国内生态足迹的应用研究起步较晚，但目前也有一些区域方面的研究成果。国内关于生态足迹比较早的研究有，徐中民 2000 年对甘肃省、张志强等 2001 年对中西部 12 省（市区）、陈东景等 2001 年对西北 5 省自治区（陕、甘、宁、青、新疆）的生态足迹进行的分析。

4.2.1.3 生态足迹与可持续发展之间的关系

20 世纪 70 年代后，人类由工业革命带来的巨大的经济增长的同时，也带来了诸多环境问题。具体表现为：森林面积的不断减少、生物种类的锐减、水土流失和土地沙化的现象日趋严重、室内气体含量不断增加、全球温度变暖、臭氧层耗竭不断加剧、人口数量不断增加等等。人们为了寻找一个建立在生态环境基础上的长期发展模式提出了可持续发展的概念。

可持续发展（Sustainable Development）思想的形成应归功于联合国等组织在 20 世纪 70~90 年代发表的五个重要报告：

（1）1972 年在斯德哥尔摩召开的第一次"人类环境会议"，此会议有 114 个国家参加。会议通过的《人类环境宣言》包含了经济社会发展与生态环境保护相协调的可持续发展的思想。

（2）1980 年国际自然保护联盟（IUCN）受联合国环境规划署（UNEP）的委托，在世界生物基金会的支持和协助下所发布的文件《世界自然保护战略》中，可持续发展作为一个明确的概念首次出现。

（3）作为世界性组织，挪威前首相 Gro Harlem Brundtland 夫人领导的"世界环境与发展委员会"于 1987 年 2 月在东京召开的特别会议上发表了《我们公共的未来》，报告中从理论上阐述了可持续发展是解决环境与发展之间矛盾的根本，并在实践上提出了合理可行的建议。

（4）1992 年 6 月在里约热内卢召开了"环境与发展"大会，会议由包括中国在内的 183 个国家、102 位国家元首或政府首脑参加，会议通过了《里约热内卢环境与发展宣言》、《21 世纪议程》等重要的纲领性文件。这些文件的颁布标志着可持续发展开始由理论走向实践。随后各国也都为其社会经济实现可持续发展制定了相应政策。

（5）联合国与2002年在南非约翰内斯堡召开了可持续发展世界首脑会议，会议通过了《可持续发展执行计划》和《约翰内斯堡政治宣言》，标志着可持续发展的思想开始由全球到地方进行渗透。

《2004年地球生存报告》是世界自然基金会（WWF）和联合国环境规划署共同发布的有关环境的第五份报告，这份报告于2004年10月21日在瑞士格兰德正式发布，十几位来自WWF总部、挪威管理学院、美国威斯康星大学和全球足迹网络的专家共同参加了此次研究，这份报告使用"生态足迹"这一指标，衡量了148个国家的环境状况。此次报告指出人类在生态足迹中增长最快的是能源消耗，自1961~2001年全球的能源消耗增长已高达700%，人口最富裕地区人均生态占用增长了8%，增长速度最快的当属北美地区。报告显示，各国之间的生态足迹相差悬殊，阿联酋以其高水平的物质生活和近乎疯狂的石油开采使其生态足迹最大，人均生态足迹达到9.9公顷，是全球平均水平（2.2公顷）的4.5倍；美国、科威特紧随其后，日本、德国、英国、意大利、法国、韩国、西班牙、印度均是生态足迹较大的国家，巴西、加拿大、印度尼西亚、阿根廷、刚果、秘鲁、安哥拉、巴布亚新几内亚、俄罗斯、新西兰等国家由于土地面积辽阔、人口稀少，使得其处于生态盈余状态。

《2004年地球生存报告》中指出："就在这些生态盈余国家的居民为全球生态环境作出贡献时，西方人正在以持续的极端水平消耗着自然资源——北美人均资源消耗水平不仅是欧洲人的两倍，甚至是亚洲人或非洲人的七倍"，如果全球的居民都达到美国居民的生活水平，人类将需要5个地球，美国对资源开发利用的程度可见一斑。

中国的生态形势也非常严峻。专家们认为，发展中国家的人均自然消耗量将以较快的速度增加，中国整体的生态形势不容乐观。报告中显示，中国在全球生态足迹中排名75，人均生态足迹为1.5公顷，低于全球的平均水平，同时也低于亚洲国家的日本、韩国、蒙古。但中国人口数目庞大，其人均生态承载力仅为0.8公顷，在自然资源消耗中，中国的人均生态赤字比全球的人均生态赤字还高0.4公顷。我国的人均生态赤字高达0.8公顷，而全球的人均生态赤字仅 0.4 公顷。

《2004 年地球生存报告》的主要作者、生态学家骆乔森（Jonathan Lon）在接受采访时指出："各国的排名并不是最重要的，自然资源的生态承载力与人类生态足迹之间的关系更重要。当人类的生态足迹超过了地球生态承载力，生态赤字就会产生，这样的环境利用是不可持续的。"WWF 总干事克劳德·马丁说："除非各国政府立即恢复对自然资源的消耗与再生能力之间的平衡，否则我们将无法偿还这些生态债务。"骆乔森说："为实现全球的可持续发展，每个人都有义务和责任来减少自然资源的消费，减少自身的生态足迹"。

全球环境日益恶化，随着人口的不断膨胀和物质消费的急剧上升，全球性生态危机日益凸显，有毒的化学物品开始进入环境循环，垃圾泛滥成灾，淡水资源的消耗日趋增加，并开始日益紧缩，热带森林也遭到严重破坏，动植物资源日趋减少。联合国环境规划署（UNEP）2002 年在巴黎所发布的《全球环境综合报告》中指出："过去 10 年，传统的线性经济方式进一步导致环境退化和灾害的加剧，对世界造成了 6080 亿美元的损失——相当于此前 40 年中的损失总和"、"最新气候模型表明，除非大大减缓资源使用，推行循环经济模式，否则在 100 年后的 2100 年，地球温度将比现在上升 6℃，必然导致气候变暖、生物多样化减少、土壤贫瘠、空气污染、水极度缺乏、食品生产减少和致命疾病扩散等全球性重大环境问题"。

目前的主要环境问题为：

（1）林地和耕地流失。据联合国粮农组织的估计，为了满足人口增长的需求，过度砍伐树木以及毁林造田等使世界热带森林面积每年减少 1130 公顷，由于造林面积只有毁林面积的 1/10，使得全球每年损失 500 万~700 万公顷的耕地。

（2）矿产资源的过度开发。世界自然基金会和联合国环境规划署联合发布的《2004 年地球生存报告》中指出，1960 年，人类消耗的自然资源仅占地球所能生产的 50%，并且随着人类对煤、天然气和石油等化石燃料的过度使用，人类现在消耗的自然资源已经超出了地球资源再生能力的 20%，地球的生态环境实在令人担忧。

（3）物种消失。《2004年地球生存报告》指出，科学家们跟踪了1100个物种的3000多个种群数量，发现1970～2000年，由于人类对食物、纤维、能源及水的需求的不断增加，造成海洋及陆地生物物种数量下降了30%，淡水生物物种数量则下降了50%。美国的一些研究人员通过对1/4遭受过度垂钓的鱼类资源跟踪调查发现，喜欢垂钓的人们对美国海域鱼类资源破坏的程度比我们想象的要厉害得多。在2004年，粮农组织总干事在关于生物多样性促进粮食安全的报告中指出，在已知的6300种动物的品种中，有1350种已经濒危或者已经灭绝。人类为了自身的需求，占用了地球陆地大量的土地，这对于生物来说是一个很大的打击。世界自然保护联盟（I—UCN）指出，将有超过30%的物种在未来的50年面临灭绝的危险。种种迹象表明，人类为了满足自身的需求对生态环境的肆意破坏，导致生态足迹的极大扩张。从全球范围来看，人类的生态足迹已经超过了全球生态承载力的35%。人类现在的消费量已经超出了生态系统的可再生能力，生态环境处于不可持续的发展状况。

生态足迹是对人类负荷进行衡量的一个指标，反映了生态系统可持续发展的一种状况。根据生态足迹可以判断区域资源的消耗程度，进而判断人类对生态系统的压力是否处于地球生态系统的承载力范围内。生态足迹法主要是用于研究在人类经济系统的压力下，生态系统是否是安全的、可持续的，即区域经济发展是否在生态系统所支持的范围之内。

4.2.1.4 生态足迹法中的一些基本概念

1991年，Hardin从生态系统本身出发给出了生态容量的定义，生态容量指的是在不损害有关生态系统的生产力和功能完整的前提下，可持续利用的最大资源量和废物产生率。换句话说就是大自然所能够给予的消耗量。在此基础上，将一个区域所能够提供给人类的生态生产性土地的面积总和定义为该地区的生态承载力，利用生态承载力来表示研究区域的生态容量。生态承载力表示了生态系统所能够提供给人类的生态基础。一个区域的经济要在生态承载力允许的范围内才能健康发展，生态系统对一个地区的经济发展具有制约作用，我们可以通过生态赤字来反映地区的可持续发展状况。

在介绍生态赤字之前，先给出生态承载力及生态足迹的计算公式。

(1) 生态足迹是对人类负荷的一种衡量,代表支持经济活动所需要的生态基础,用 EF 表示。从取值大小来看,生态足迹表示的是提供给人类消费的资源和吸纳人类排放的废物所需要的标准生产性土地面积,计算公式为:

$$EF = \sum_{ij} E_i C_j / P_{ij} \qquad (4.2-1)$$

式(4.2-1)中,E_i 表示第 i 类生产性土地的等价因子;C_j 表示第 j 类资源的人均消费量;P_{ij} 表示第 i 类土地生产第 j 类资源的生产力。

对上式需要说明的是:由于不同国家或地区的资源禀赋不同,不仅同等面积不同类型的土地生物生产能力差异很大,而且同等面积同类型生物生产性土地的生产力也有很大差别。因此,不同国家或地区的同类生物生产性土地的实际面积不能直接对比,需要通过产量因子进行调整。生态足迹通过产量因子将实际面积转换成具有全球平均生产能力的土地面积,并通过等价因子把不同类型的生产性土地转化为标准土地。

(2) 生态承载力。指生态系统实际能够提供的标准的生产性土地面积,用 EC 表示,计算公式为:

$$EC = \sum_i E_i Y_i A_i \qquad (4.2-2)$$

式(4.2-2)中,Y_i 表示第 i 类生产性的产量因子;A_i 表示第 i 类生产性土地的实际面积。

同样,生态承载力也是通过产量因子将实际面积转换成具有全球平均生产能力的土地面积,并通过等价因子把不同类型的生产性土地转化为标准土地。

(3) 生态生产性面积。在生态足迹的相关理论中,生态承载力和生态足迹这两个概念均与生态生产性土地相联系。

生态生产性面积是生态足迹法中各种自然资源统一度量的基础,指的是具有生态生产能力的土地或水体。生态生产力是以当代科学技术的成果为依托,显示人的活动对人与自然之间物质交换过程的"控制"及"调整"功能;从生态角度来看,是确立生态系统对生产力的基础地位,把人类的生产过程纳入生态系统的良性循环过程;生态生产力以人与自然的和谐发展为价值目标,最终实现人、社会与自然的和谐发展。在生态足迹的理论分析中,我们将地球表面的生态生产性土地分成 6 类，耕地、草地、林地、水域、化石能源用地和建筑用地。并且把生态足迹中耕地、草地、林地、水域和建筑用地综合起来称为资源生态足迹。把吸纳能源消费中排放的 CO_2 所需要的生产性土地称为能源生态足迹。资源生态足迹反映了经济对生态系统资源供给能力的需求，能源生态足迹反映了经济对生态系统中废物吸纳能力的需求。

（4）生态赤字和生态盈余。在生态承载力和生态足迹的基础上可给出生态赤字的计算。

生态赤字指的是一个地区的生态承载力相对于生态足迹的不足，大小等于生态承载力减去生态足迹得到的差，用 ED 表示，计算公式为 ED = EF － EC，上式中，EF 表示生态足迹，EC 表示生态承载力。

若生态承载力大于生态足迹，则产生生态盈余，此时生态赤字 ED 为负值，表明研究区域的生态容量足以支持人类的生态经济活动，区域内自然资本的收入大于人口消费的需求，地区的生态容量有可能扩大，该地区的消费模式是可持续的。相反，若生态承载力小于生态足迹，则称为生态赤字，生态赤字表示研究区域的生态容量不足以支持人类的经济活动，即生态系统不能提供经济活动所需要的资源或者不能净化经济活动所带的废弃物。生态赤字下，经济系统要么通过进口生态资源来满足当地经济发展的需要，而这种方式会直接影响到当地经济的生产能力，另外一种方法就是通过过度利用生态系统来满足经济发展的需求，这种方法带来的直接后果就是破坏生态环境的生态功能，降低生态系统的资源供给和废物吸纳的能力，最后导致生态系统的崩溃。因此生态赤字下，生态环境和经济发展必须舍弃一方，要保证经济活动在生态环境所承受的范围内健康持续发展，不能图一时之快，带给生态环境不可逆转的危害。

在生态承载力的计算中，我们称提供资源的生态承载力部分为资源生态承载力，称吸纳 CO_2 的生态承载力部分为能源生态承载力。

（5）等价因子和产量因子。由于生态足迹和生态承载力需要通过产量因子将实际面积转换成具有全球平均生产能力的土地面积，同时还需要通过等价因子把不同类型的生产性土地转化为标准土地。下面对等价因子及产量因子进行解释。

前面提到地球表面的生态生产性土地可分为耕地、草地、林地、水域、化石能源用地和建筑用地六种类型，这六种类型的生态生产性土地的生态生产力之间是存在显著差异的，为了使不同类型的生态生产土地转化成在生态生产力上等价的形式，我们需要将这些具有不同生态生产力的生物生产面积转化为具有相同生态生产力的面积，而要转化成具有相同生态生产力面积，我们需要对计算得到的各类生态生产性土地面积乘以一个均衡因子。因此等价因子就是一个使不同类型的生态生产性土地转化为在生态生产力上等价的系数。计算公式为某类生态生产性土地的等价因子＝全球该类生态生产性土地面积的平均生态生产力÷全球所有各类生态生产性土地面积的平均生态生产力。目前常用的等价因子分别为：森林和化石能源用地的等价因子为1.1，耕地和建设用地的为2.8，草地的为0.5，海洋的为0.2。上述数值是通过某种类型生态系统的生物生产力和全球生态系统的平均生产力相比之后所得到的。

在生态承载力的计算公式中，由于不同国家和地区的资源禀赋不同，使得不仅单位面积不同类型的土地的生态生产力差异较大，而且单位面积同种类型的生态生产性面积的生态生产力也存在较大差异，因此对于不同国家或地区之间的同类生态生产性土地的面积不能直接相加，必须将不同类型的面积进行调整。而产量因子就是一个将各国、各地区同类生活的生态生产性土地转化为可比面积的一个参数，是通过某个国家或区域的某类生物生产性土地的平均生产力和世界同类型的生产性土地的平均生产力进行对比所得到的，比如，耕地面积的产量因子为1.66，则表明耕地的生物产出率是世界耕地平均产出率的1.66倍。

4.2.1.5　生态足迹的计算

生态足迹方法被提出后在各个领域得到了广泛应用，其计算方法和计算模型也逐渐趋于完善。

（1）生态足迹法的两个假设及生物生产性土地类型介绍。

生态足迹的计算需有两个基本假设：一是假定能够计算出人类消费的大多数资源和人类所产生的大部分废弃物；二是假定这些资源和废弃物可以换算成产生等量资源并能够消解这些废弃物的生产性土地的面积。除此之外还有一个假设，就是"空间互斥性"假设，即各类土地的作用类型是单一的，在空间上是互斥的，比如，一块土地当它被用来修建公路时，就不能同时是森林、耕地及牧草地等。

在上述假设条件下，任何已知人口的生态足迹是生产这些人口所消费的所有资源及容纳这些人口所产生的所有废弃物所需要的生态生产性土地面积（包括陆地和水域）。

在生态足迹的计算中，生物生产性土地主要考虑了以下6种类型：耕地、林地、草地、水域、建筑用地及化石燃料用地。

其中，从生态角度看，耕地是最有生产能力的生物生产性土地类型，它所聚集的生物量最多。其生态生产力用单位面积产量来表示。

林地指可产出木材产品的人造林或者天然林，主要作用有生产木材、净化空气、涵养水源、保护物种多样化等。森林的生态生产力主要指其提供木材的数量。目前由于人类对森林资源的过度开采，使得全世界除了一些不能接近的热带丛林外，现有林地的生物量生产能力大多数较低。

草地是指适合发展畜牧业的土地，对人类的主要贡献是提供放牧。其生态生产力可以通过单位面积承载的牛羊数以及牛奶、肉类产量计算所得。草地的生产能力比耕地要低得多，从植物转化为动物生物量大概要损失10%的生物量。

水域指被水面覆盖的并具有水产品生产能力的地域。为人类提供鱼类等水产品。

建筑用地是包括各种人居设施及道路所占用的土地。由于城市的快速发展，使得很多的耕地被建筑用地所侵占。我们可以通过电力的消费量来计算建筑用地的人均生态足迹。

化石燃料用地是指人类应该留出来用于吸收二氧化碳的土地。在计算煤、焦炭、原油、电力等能源消费项目的生态足迹时，需要将这些能源消费转化为化石燃料土地面积。即要估计需要吸收以同样的化石燃料的消费速率所排放的二氧化碳的土地面积。Wackernagel等所确定的煤、石油、天然气和水电的全球平均土地转换系数分别为 $55GJ/hm^2a$、$71GJ/hm^2a$、$93GJ/hm^2a$、$1000GJ/hm^2a$，根据以上转换系数可以将不同的能源消费折算成一定的化石能源土地面积。

(2) 生态足迹法的步骤。

生态足迹法大致可分成以下六个步骤:

1) 划分消费项目,计算各个消费项目和废物吸纳中自然资源的消费量;其中,消费包括直接的家庭消费、间接消费、最终使家庭受益的商业和政府消费的杂物和服务。

2) 计算为了生产各类消费项目所占用的生态生产性土地的面积。

$$A_j = \sum_{i=1}^{n} \frac{C_i}{EP_i} = \sum_{i=1}^{n} \frac{P_i + I_i - E_i}{EP_i}, \quad (j = 1, 2, \cdots, 6) \quad (4.2-3)$$

式 (4.2-3) 中,A_j 表示第 j 项消费项目占用的实际生态生产性土地面积 (公顷);EP_i 表示相应的生态生产力土地生产第 i 项消费项目的年平均生态生产力 (千克/公顷);C_i 表示资源消费量;P_i 表示资源生产量;E_i 表示资源出口量;I_i 表示资源进口量;$P_i + I_i - E_i$ 表示研究区域的第 i 项年消费量。

3) 计算生态足迹:计算生产各类消费项目所占用的各类生产生态性土地面积,最后进行综合得到生态足迹。

这里,由于六种类型的生态生产性土地的生态生产力不同,所以要将这些具有不同生态生产力的生物生产面积转化为具有相同生态生产力的面积,具体方法如前面所述,就是将每一种土地类型的生态生产性土地面积乘以一个等价因子,从而把六种类型的土地转化成具有全球平均生态生产力的、可以相加的世界平均生态生产面积,最后加总得到生态足迹。计算公式为:

$$EF = \sum_{j=1}^{6} A_j EQ_j \quad (4.2-4)$$

式 (4.2-4) 中,EQ_j 表示每一种土地类型所对应的等价因子。

4) 通过产量因子进行调整:由于六种类型的生态生产性土地的生态生产力之间存在的差异,使得计算出来的面积不具有可比性,因此需要对每一种土地的生产能力进行调整,调整的方法就是用产量因子乘以生态生产力。计算公式为:

$$A_j = \sum_{i=1}^{n} \frac{C_i}{EP_i \cdot YF_i} = \sum_{i=1}^{n} \frac{P_i + I_i - E_i}{EP_i \cdot YF_i}, \quad (j = 1, 2, 3, \cdots, 6) \quad (4.2-5)$$

式 (4.2-5) 中,YF_i 表示产量因子。

5）计算生态承载力 EC：如果将 $EF = \sum_{j=1}^{6} A_j EQ_j$ 的消费量用当地实际生物的产量所代替，就可以计算出研究区域的生态承载力。

$$EC = \sum_{j=1}^{6} EC_j EQ_j = \sum_{j=1}^{6} AA_j \cdot YF_j \cdot EQ_j \qquad (4.2-6)$$

式（4.2-6）中，AA_j 表示各土地类型的地区实际生态生产性面积；EC_j 表示各土地类型的生态承载力；EC 表示研究区域总的生态承载力。

6）根据前面结论计算生态赤字和生态盈余：

生态赤字　　$ED = EF - EC$ \qquad (4.2-7)

生态盈余　　$ER = EC - EF$ \qquad (4.2-8)

式（4.2-7）、式（4.2-8）中，EF 表示生态承载力，EC 表示生态足迹。

若生态赤字大于 0，说明生态足迹大于生态承载力，此时区域发展是不可持续的。若生态赤字小于 0，说明此时生态系统处于生态盈余的状态，区域发展是可持续的。

（3）生态足迹的综合计算模型。生态足迹法的重点是生态足迹和生态承载力的计算。下面介绍生态足迹及生态承载力的综合计算公式。

生态足迹的综合计算公式：

$$EF = N \cdot ef = N \cdot r_j \cdot \sum_{i=1}^{n} aa_i = N \cdot r_j \cdot \sum_{i=1}^{n} c_i / p_i \qquad (4.2-9)$$

或者，$EF = N \cdot ef = \sum_{i=1}^{n} a_i \cdot [(P_i + I_i - E_i)/Y_i] \qquad (4.2-10)$

式（4.2-9）中，EF 为总的生态足迹面积；N 为人口数；ef 为人均生态足迹面积；aa_i 为人均第 i 种消费商品折算的生态生产性面积，i 为消费商品和投入的类型；c_i 为第 i 种商品的人均年消费量；p_i 为生产第 i 项消费项目的生态生产性土地的年平均生产力；r_j 为均衡因子，表示该种消费品或生物资源土地类型的生产力权重，因为单位面积不同土地类型的生物生产能力差异很大，为了使不同土地类型的计算结果具有可比性，需要在每种类型的生态生产性土地面积前乘以一个均衡因子（权重），以化成可比较的生态生产性面积。

式（4.2-10）中，EF 为总的生态足迹面积；N 为人口数；a_i 为均衡因子；

p_i 为第 i 种消费项目的年生产量;I_i 为第 i 种消费项目的年进口量;E_i 为第 i 种消费项目的年出口量;Y_i 为第 i 种消费项目的全球生物生产土地平均产量。

生态承载力的计算公式为:

$$EC = N \cdot ec = N \cdot \sum_{j=1}^{n} r_j \cdot a_j \cdot y_j (j = 1,2,3,4,5,6) \quad (4.2-11)$$

式(4.2-11)中,EC 为总的生态承载力;N 为人口数;ec 为人均生态承载力(公顷/人);a_j 为人均占有第 j 类生物生产性土地的面积;r_j 为均衡因子;y_j 为产量因子。

对生态承载力需要说明的是:在生态承载力计算时应扣除12%的生物多样性保护面积。

另外前面已经提到由于不同国家或地区的资源禀赋不同,使得不仅同等面积不同类型的土地生物生产能力差异很大,而且同等面积同类型生物生产性土地的生产力也有很大差别。因此,不同国家或地区的同类生物生产性土地的实际面积不能直接对比,需要通过产量因子进行调整。产量因子指的是某个国家或地区某类型土地的平均生产力与世界同类土地的平均生产力的比率。将区域现有的耕地、草地、林地、建筑用地、水域等的面积乘以相应的均衡因子和产量因子,就可以得出区域的生态承载力,亦即生态足迹供给能力。

通过生态足迹和生态承载力的对比计算,判断研究区域目前的发展状况是否是可持续的。区域的生态赤字或生态盈余,反映了区域人口对自然资源的利用状况。

(4)生态足迹的计算流程。生态足迹法的计算流程图如图4-2所示。

4.2.2 生态足迹与生态承载力变化趋势分析

最近几年生态足迹方法已成为国际上评价生态承载力的一个重要方法,有关生态足迹法的实证研究也在不断地涌现。Haherl 指出生态足迹法的成功之处在于将生态足迹与生态承载力进行了比较,用简单的定量指标来度量一个区域的可持续发展状态。然而,生态足迹方法中的两个数学模型中均没有

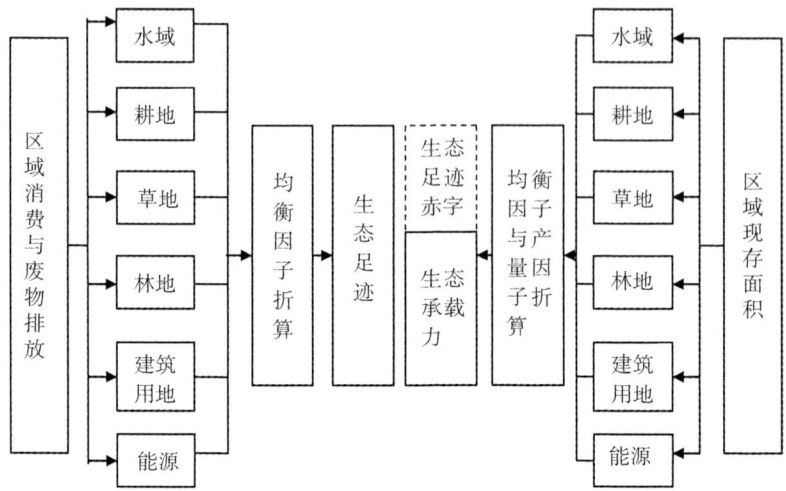

图 4-2　生态足迹计算方法流程图

引入时间变量，因此，生态足迹方法在测算生态足迹和生态承载力的动态发展变化，及预测未来的发展变化趋势上具有明显的局限性。Rees 也认为生态足迹分析方法并没有提供一个研究生态足迹的动态变化的窗口，它仅仅能帮助我们认识当前的可持续发展状况，而要了解将来的可持续状况，生态足迹法无能为力。

基于此，这里借鉴了"变化速率"和"剪刀差"两个定量指标。其中，变化速率描述了在一个较长的时间序列中生态足迹和生态承载力的动态变化趋势及其变化速度；而"剪刀差"则描述了生态足迹和生态承载力的发展趋势间的差异。

4.2.2.1　变化速率分析法

根据生态足迹模型得到的仅是区域在某一时刻的生态足迹状况，而要预测生态足迹和生态承载力在未来时刻的发展变化趋势，需借鉴两个定量指标"变化速率"、"剪刀差"。

关于时间变量的多项式可用于描述一个时间数列中历史数据所存在的动态规律，对应曲线在给定时刻的斜率就是数据的变化速率。因此对于生态足迹与生态承载力在时间变量上的变化，我们也可以采用如下多项式进行描述：

第4章 区域生态承载力

$$y_1 = y_1(t) = a_0 + a_1 t + a_2 t^2 + \cdots + a_n t^n \quad (4.2-12)$$

$$y_2 = y_2(t) = b_0 + b_1 t + b_2 t^2 + \cdots + b_n t^n \quad (4.2-13)$$

式（4.2-12）和式（4.2-13）就是生态足迹和生态承载力的一般时间动态模型，它们分别描述了区域生态足迹和生态承载力随时间变化的动态规律。y_1 和 y_2 分别表示生态足迹（EF）和生态承载力（EC）；t 为时间变量；$y'_i(t)(i=1,2)$ 为时间 t 的导数，表示生态足迹和生态承载力在给定时刻的变化速率。以 $y_1(t)$ 为例对变化趋势分析：若变化速率 $y'_1(t_0) > 0$，则表示此时 $y_1(t)$ 在 $t = t_0$ 时刻呈上升趋势；若 $y'_1(t_0) < 0$，则表示此时 $y_1(t)$ 在 $t = t_0$ 时刻呈下降趋势；若 $y'_1(t_0) = 0$，则表示此时 $y_1(t)$ 在 $t = t_0$ 时刻处于相对稳定的状态。对于 $y_2(t)$ 可做类似分析。

根据一个较长时间序列的生态足迹和生态承载力的结果，利用回归分析法和曲线拟合法，我们就可以确定在给定时间序列中所研究区域的生态足迹和生态承载力具体的时间的动态模型，从而进行变化速率的计算与分析。

4.2.2.2 剪刀差分析法

剪刀差的概念来源于托洛茨基在苏联第十二届党代会上的报告。报告中用两片相交的刀刃—价格剪刀差，表示工业和农业价格水平的差异。由于剪刀差的形象比喻，其概念在经济学研究中得到广泛应用。为了判定在给定时刻生态足迹与生态承载力变化趋势之间的差异，这里引入剪刀差分析法。

生态足迹与生态承载力的剪刀差是衡量给定时刻生态足迹和生态承载力二者之间变化趋势差异的一种指标。剪刀差可以用 $y_1(t)$ 和 $y_2(t)$ 之间的夹角来度量。由于 $y_1(t)$ 和 $y_2(t)$ 的夹角是由给定时刻（$t = t_0$）的两曲线切线的夹角来定义的，而夹角通常表现为剪刀差的形式，因此称为剪刀差。由于曲线 $y_1(t)$ 和 $y_2(t)$ 在 $t = t_0$ 时刻切线的方向矢量分别为 $\overline{V}_1 = \{1, y'_1(t_0), 0\}$ 和 $\overline{V}_2 = \{1, y'_2(t_0), 0\}$，因此 $y_1(t)$ 和 $y_2(t)$ 在 $t = t_0$ 时刻的夹角的计算公式为：

$$\cos\alpha = \frac{1 + y_1(t_0) y_2(t_0)}{[1 + \{y'_1(t_0)\}^2]^{\frac{1}{2}} [1 + \{y'_2(t_0)\}^2]^{\frac{1}{2}}}$$

亦即：$$\alpha = \arccos \frac{1 + y_1(t_0) y_2(t_0)}{[1 + \{y'_1(t_0)\}^2]^{\frac{1}{2}} [1 + \{y'_2(t_0)\}^2]^{\frac{1}{2}}} \quad (4.2-14)$$

式 (4.2-14) 即为剪刀差的计算公式，其中，$y'_1(t_0)$ 和 $y'_2(t_0)$ 分别为生态足迹曲线 $y_1(t)$ 和生态承载力曲线 $y_2(t)$ 在 $t=t_0$ 时刻的变化速率；α 为两者之间的夹角，$\cos\alpha$ 即为生态足迹和生态承载力发展的剪刀差值。α 越大表示两者之间的变化趋势差异越大，$\alpha=0$ 时表示两者变化趋势无差异。

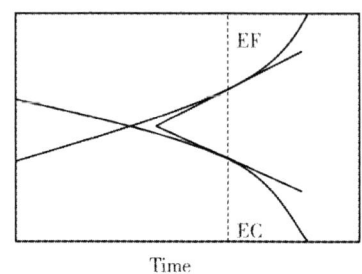

图4-3 生态足迹和生态承载力趋势

本章小结

第二章及第三章分析了土地资源承载力、水资源承载力、矿产资源承载力、森林资源承载力、环境承载力、经济承载力等单因素承载力，传统的承载力研究大多数侧重于某些单要素承载状况进行分析的，但是像这种将资源、环境、经济从生态系统中割裂出来，不考虑生态系统整体效应的做法，会使生态承载力整体下降，因此本章讨论了将环境、资源、经济综合在一起的生态承载力的评价分析方法。

4.1节讨论了生态承载力的研究背景、研究现状以及研究方法。

4.2节对生态足迹法进行了详细介绍，包括生态足迹法的研究背景、国内外研究现状、生态足迹与可持续发展之间的关系、生态足迹法中的一些概念以及生态足迹法的分析步骤、生态足迹与生态承载力的变化趋势分析。

第5章 基于生态足迹法下中原经济区生态承载力的实证分析

5.1 中原经济区概括

5.1.1 区域现状分析

中原经济区是以全国主体功能区规划明确的重点开发区域为基础、中原城市群为支撑、涵盖河南全省、延及周边地区的经济区域，地理位置重要，粮食优势突出，市场潜力巨大，文化底蕴深厚，在全国改革发展大局中具有重要战略地位。中原经济区处于我国中心地带，是全国范围内极具发展潜力的一个区域。

中原经济区的范围包括河南全省、安徽西北部、山东西南部、河北南部和山西东南部共28个省辖市。河南省的城市有郑州、洛阳、商丘、安阳、南阳、开封、平顶山、许昌、焦作、新乡、鹤壁、濮阳、漯河、三门峡、周口、信阳、驻马店、济源；河北省：邯郸、邢台；山东省：运城、晋城、长治；安徽省：亳州、淮北、阜阳。中原经济区的核心区域是郑州和开封，区域总面积达到28.9万平方公里，2011年末总人口1.79亿人，地区生产总值4.2万亿元，分别占全国相应数据的3%、13.3%和9%。中原经济区规划是中原经济区建设的行动纲领和编制相关专项规划的重要依据,其规划期为 2012～2020 年。经济总量仅次于长三角、珠三角及京津冀,位于全国第四位。

5.1.2 区域经济状况

自《中原经济区规划》批复以来的两年期间,中原经济区经济获得了快速发展,河南省社科院发布的《河南经济蓝皮书(2014)》中,对中原经济区规划内省辖市的经济综合竞争力进行了排名,在 5 个省份、30 个省辖市中,郑州以 0.939 分排名第一,洛阳第二,前 10 名中有 6 个是河南省辖市,属于 30 个城市的第一梯队。中原经济区截止到 2012 年底中原经济区实现地区生产总值 4.6 万亿元,地区生产总值比 2011 年增长了 8.8%,占全国 GDP 比重的 9%。

除了对各省辖市的综合经济进行排名外,2014 年省社科院还首次发布了河南县域经济发展质量评价报告,报告指出,在河南省 108 个县(市)经济发展质量总体评价结果中,新郑市以 0.0875 分排在第一位,新密市、巩义市分别位于第二位和第三位,而在民生幸福指标的排名中,义乌市排名第一,新密市、新乡县、偃师市、登封市分别居于第二位至第五位。其中,评价"民生幸福"的指标包括城镇居民人均可支配收入,农村居民人均纯收入,人口就业率,居民人均生活消费支出等 12 个指标。

中原经济区南北经济特点对比比较明显,从中原经济区总体来看,北部地区总体表现为能源消耗较高,工业发展相对较好,人均收入水平较高,南部地区则表现为工业占比低,单位地区生产总值能耗低,人均收入相对滞后。

自《中原经济区规划》颁布以来,中原经济区的发展取得了巨大成就,我们要抓住发展契机,更好更快地促进中原经济区的发展。

5.1.3 生态环境状况分析

随着人口的剧增和城镇化进程的加快,人类对资源的需求和消耗迅速增加,但目前的经济增长方式依旧比较粗放,水、土地、矿产等资源的利用效

第5章 基于生态足迹法下中原经济区生态承载力的实证分析

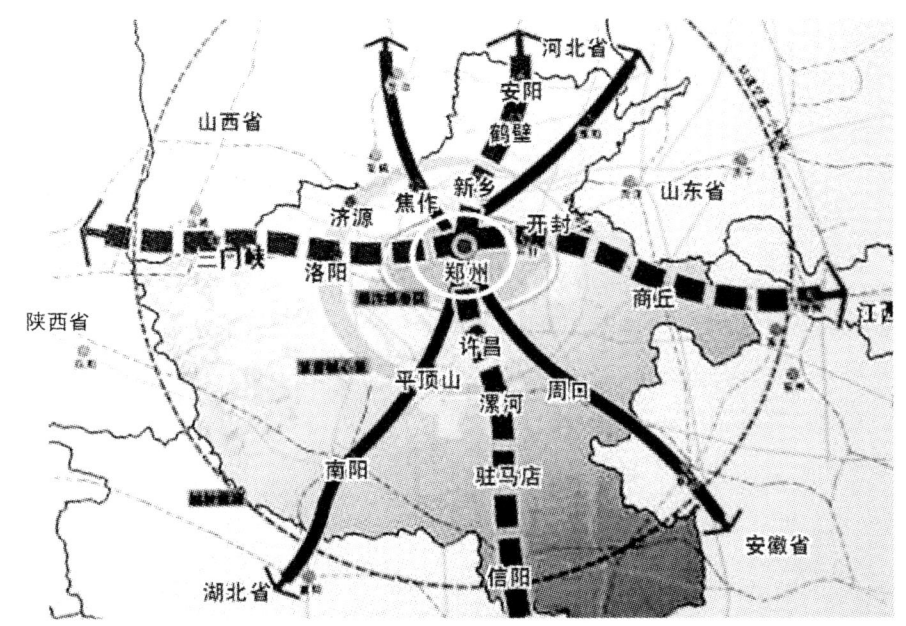

图 5-1 中原经济区规划图

率依旧不高，各类污染物的排放，造成资源耗竭，生态环境破坏。

并且随着经济的快速发展，非法占用的耕地越来越多，导致耕地面积和耕地质量降低，人地矛盾日益凸显。城市生活垃圾的日益递增，给城市的生态环境带来了很大的压力。人口的增加和土地后备资源匮乏的矛盾日益突出。

种种迹象表明，我们在加快中原经济区快速发展的同时，一定要协调好区域的快速发展与生态承载力之间的关系，加强生态体系建设，更好地促进人与自然之间关系健康和谐发展。河南省委、省政府提出建设中原经济区不能以牺牲农业和粮食、生态和环境为代价，生态文明将成为中原经济区健康发展的主要标志，"十一五"期间，河南省大力淘汰落后产能，加强重点流域，重点行业污染综合治理，成效显著。但是基于河南省单位 GDP 能耗，单位工业增加值能耗均高于全国平均水平，节能减排压力很大，同时，又由于能耗总量和排放总量基数小，环境承载力不足，发展空间有待于进一步扩展。目前，大规模生产，大规模消费、大规模抛弃的传统作风已经不能适应当代经济发展的需要了，我们必须以新的发展模式构筑和资源环境相协调的发展

· 135 ·

体系。

河南省省人大代表、光山县县长文宗锋说，今后几年，经济的快速发展必然会带来资源消耗和污染物排放总量的增加，我们只有全民上下都关心生态建设，加强环境保护，从根本上转变经济发展方式，中原经济区才能实现绿色、健康、和谐发展。河南省所实施的天然林保护、退耕还林工程等国家重点工程和省级林业生态建设工程，使以河南省为主体的中原经济区，具备了建设生态文明的良好基础和有利条件。在全国七大水系中，中原经济区有海河、淮河、黄河、长江四大流域，还有淮河源头和南水北调中线工程水源地，因此，环境保护、水利工作对河南省乃至中原经济区非常重要，不仅是农业的命脉，而且也是推动经济区建设，实现中原崛起的重要保障。

5.1.4 自然状况分析

中原经济区的核心区域河南省位于我国中部偏东，黄河中下游地区，土地总面积 16.7×10^4 平方千米，占全国总面积的 1.74%。优越的自然地理位置，丰富的地貌类型，良好的光、热、水土组合使河南省成为全国发展基础良好，发展潜力巨大的重点发展区域。河南省气候温和。各类资源丰富，全省耕地面积 7.93×10^4 平方千米，占全国耕地资源 1/10 以上，全省横跨海河、黄河、淮河、长江四大水系，生物种类繁多，矿产资源丰富，多种矿产资源储量居全国首列，文化旅游业发达，是我国重要的粮食产地，能源发源地，同是也是旅游胜地。

5.1.5 中原经济区的发展优势分析

中原经济区规划中指出中原经济区具有以下方面的发展优势：

（1）交通区位重要。中原经济区地处我国腹地，承东启西、连南贯北，是全国"两横三纵"城市化战略格局中陆桥通道和京广通道的交汇区域。国家在促进中部崛起的规划中明确规定，陇海、京广、京九三大发展带在此汇合。2011 年末中原经济区内铁路营业里程、高速公路通车里程分别达到 6965

千米、8323 千米,占全国的 7%、9.8%,运营民用机场达到 7 个,在全国综合交通运输网络中具有重要的枢纽地位。中原经济区不仅是重要的工业生产基地、粮食生产基地,同时也是全国人口密集区和重要消费市场,因此,可以说中原经济区既是东部地区经济技术向中西部地区的一种转移,同时也是西部地区资源向东部地区输出的必经之路,是全国区域经济中最具有潜力的区域。中原经济区的大部分地区地处贯穿全国的大型高速公路和铁路的中心位置,也是整个中国南北和东西交通的结合点。其中,以河南省的省会城市郑州为代表,地处中华腹地,是中原经济区最大的城市,也是中国华中地区最重要的区域性中心城市之一。在航空运输上,郑州拥有新郑机场,郑州规划中的地铁二号线的南延工程为郑州的交通提供了方便。

(2)粮食优势明显。中原经济区农业生产条件优越,是我国重要的农产品生产区。粮食产量超过 1 亿吨,占全国的 18% 以上,其中小麦产量 5400 万吨,接近全国小麦产量的一半;棉花、油料、畜禽产量分别占全国的 18.4%、20.5%、14.8%,特色农林产品在全国也占据着重要地位。

(3)产业基础较好。中原经济区矿产资源丰富,煤、铝、钼、金、天然碱等储量较大,是全国重要的能源原材料基地。工业门类齐全,装备、有色、食品产业优势突出,电子信息、汽车、轻工等产业规模迅速壮大,形成了比较完备的产业体系。

(4)市场潜力巨大。中原经济区城镇化率达到 40.6%,正处于工业化、城镇化加速推进阶段,投资和消费需求空间广阔,市场优势日益显现。人口总量大,占全国人口的 1/10,劳动力素质不断提升,是全国劳动力资源最为丰富的区域之一。

(5)文化底蕴深厚。中原地区是中华民族和华夏文明的重要发源地,历史悠久,拥有大量宝贵的历史文化遗产,形成了兼容并蓄、刚柔相济、革故鼎新、生生不息的中原文化,文化软实力不断增强。我国的第一部诗歌总集《诗经》描绘了本区人民的劳动及爱情生活。中原经济区有国家级历史文化名城邯郸、安阳、聊城、鹤壁的浚县,同时安阳也是世界文化遗产殷墟所在地。巧夺天工的人工天河红旗渠、博大精深的古代文化和文化遗存,构成了中原经济区丰富多彩的旅游资源。

《中原经济区规划》指出，当前和今后一段时期是中原经济区发挥优势、加快崛起的关键时期，面临着前所未有的挑战和发展机遇。经济全球化和区域经济一体化深入发展，有利于发挥区位、劳动力资源等优势，积极承接国内外产业转移。国家实施扩大内需战略，有利于激发人口、市场蕴藏的巨大内需潜能，增强发展的内生动力。国家支持中原经济区探索新型城镇化、工业化和农业现代化协调发展的新路子，有利于破解发展难题，形成体制政策新优势。区域合作日益密切，有利于区域联动和一体化发展，形成服务全国发展大局和支撑未来经济发展的重要增长极。

同时，加快中原经济区的发展还面临着诸多矛盾和挑战。集中表现在：农村人口多、农业比重大、保粮任务重，经济结构不合理、农村富余劳动力亟待转移、基本公共服务水平低，"三农"问题突出是制约"三化"协调发展的最大症结，人多地少是制约"三化"协调发展的最现实问题，城镇化水平低是制约"三化"协调发展的最突出矛盾。必须大胆探索，创新体制机制，加快转变经济发展方式，强化新型城镇化引领作用、新型工业化主导作用、新型农业现代化基础作用，努力开创"三化"协调科学发展新局面。

5.2 数据整理及思路分析

5.2.1 数据处理

本章拟根据中原经济区2000~2011年数据利用生态足迹法分析中原经济区生态承载状况。

根据前面的分析可知生态足迹法的关键在于生态足迹以及生态承载力的计算。其中，在中原经济区生态足迹核算过程中，一般将消费物品分为生物资源消费与能源消费两部分。而生物资源消费包括农产品、林产品、畜牧品、水产品等生物资源的消费；能源消费主要包括化石燃料和电力的消费，其中化石燃料包括煤炭、石油、天然气等能源。

实证分析中河南省的数据来源于《河南省统计年鉴》,其他省份的数据来源于统计年鉴和中国知网。

由于中原经济区的进出口数据不易获得,因此计算过程中消费量数据采用的是城镇居民人均购买量与城镇人口的乘积加上农村居民人均消费量与农村人口的乘积。例如,计算邢台市的人均消费量就采用整个河北省的人均消费量。

由于《山东省统计年鉴》中只有农村居民家庭人均食品消费量,无城镇居民人均食品购买量,无法计算实际山东省食品消费量,只能通过生产量来近似计算。

河南省中城镇居民消费的是面粉和大米,由于面粉的出粉率是70%和大米的出米率是80%,将消费项目统一为小麦和稻谷。其他省份部分地市无法估计消费量数据时,均统一采用生产量来估计消费量,如果生产量数据不完整,就用SPSS软件来进行曲线估计,运用模型进行预测补足缺少的数据。

为了使计算结果可以进行比较,消费品的全球平均生产能力数据来源于世界粮农组织2000~2011年关于生物资源平均产量资料。生物资源生产面积的折算中世界平均产量数据涉及的项目比较多,其中世界农产品平均产量数据来自世界粮农组织网站,而畜牧品的世界平均产量数据是根据世界粮食平均产量来计算的,从粮食到猪禽肉类的转换系数是6,因此用世界粮食平均产量除以6就是猪禽肉类世界平均产量。

由于早期的能源统计资料不完整,为了增加可比性,中原经济区的能源消费项目包括煤炭、石油、天然气、电力这四类主要能源消耗项目。河南省原始数据来源于《河南省统计年鉴》。其他省份来自各自省份的统计年鉴和中国知网。Wackernagel等所确定的煤、石油、天然气和电力的全球平均土地转换系数分别为55焦耳/公顷、93焦耳/公顷、71焦耳/公顷、1000焦耳/公顷、10^9焦耳/公顷,据此可以将不同的能源消费折算成一定的化石能源土地面积。

在生态足迹的计算中,均衡因子与产量因子是两个关键的参照系数,而在实例研究中,均衡因子的使用比较统一,产量因子的使用则比较广泛。并且生态承载力的计算是参照这两个系数进行修正的。这里我们比较了各类文献中的均衡因子计算指标，选取的均衡因子如表5-1所示。

表5-1 均衡因子

土地类型	均衡因子
耕地	2.8
林地	1.1
草地	0.5
水域	0.2
化石燃料用地	2.8
建筑用地	1.1

5.2.2 分析思路

本章采用生态足迹法对中原经济区的生态承载力进行分析，分析步骤如图5-2所示。

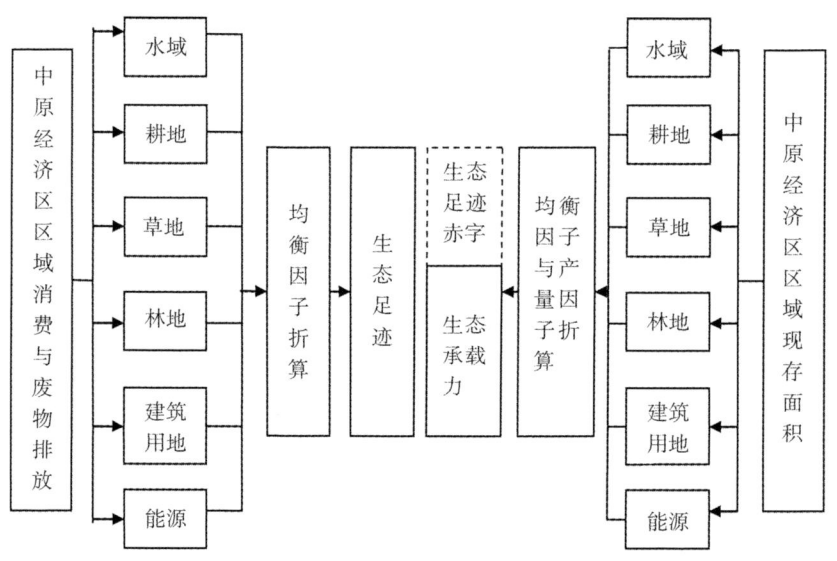

图5-2 用生态足迹法分析中原经济区的思路

5.3 中原经济区生态足迹的需求计算

根据前面所介绍的生态足迹的计算公式分别得到中原经济区 2011 年生物消费生态需求和能源消费生态需求,如表 5-2 所示。

表 5-2 中原经济区 2011 年生物消费生态需求计算表

分类	品种	全球平均生产能力（吨/公顷）	人均消费量（吨/人）	人均占用面积（公顷/人）	生态面积类型
农产品	小麦	3.1948	0.1795778	0.056209	耕地
	稻谷	4.4037	0.0216201	0.00491	耕地
	蔬菜	19.1847	0.1893354	0.009869	耕地
	苹果	15.8672	0.0444661	0.002802	耕地
	玉米	5.1847	0.1887394	0.036403	耕地
	花生	1.7737	0.0313852	0.017695	耕地
	烤烟	1.7800	0.0020949	0.001177	耕地
	小计	—	—	0.129065	—
林产品	木材	0.155215	0.0353422	0.182159	林地
	纸与纸板	0.155215	0.1036429	0.667737	林地
	小计	—	—	0.849896	—
畜牧品	猪肉	0.063170	0.013252	0.209786	草地
	牛肉	0.008080	0.002016	0.249523	草地
	羊绒	0.000019	0.000008	0.392220	草地
	天然蜂蜜	0.000415	0.000607	1.463317	草地
	牛奶	0.045800	0.010383	0.226704	草地
	小计	—	—	2.541551	—
水产品	水产品总量	0.029	0.005549	0.191355	水域
	小计	—	—	0.191355	—

注:"—"表示表格内无数据内容,全球平均生产能力数据来自联合国粮农组织网站 http://faostat.fao.org/site/537/default.aspx。

应用生态足迹需求指标的计算方法,根据有关资源数据对中原经济区的生态需求进行计算和分析。计算由两部分组成,一部分是生态资源的消费,另一部分是能源的消费。

生物资源消耗部分主要包括农产品、林产品、畜产品和林产品。2011年生物资源消耗生态需求计算结果如表5-2所示。

计算能源资源消费项目的生态需求时,需将这些能源消费转化为化石能源土地面积,我们主要选取了中原经济区具有代表性的石油、天然气、煤炭和电力。其具体计算步骤如下:

(1) 各项能源消费项目的消费量(吨)乘以相应的折算系数,将以吨为单位的消费量转化为以焦耳为单位的消费量。

(2) 将转化后的各项能源消费量均除以中原经济区总人口,即得各项能源消费项目的人均消费量。

(3) 再将各项能源消费项目的人均消费量均除以相应的各项能源消费项目的全球平均生产能力,即得各项能源的人均生物生产性土地面积,2011年能源生态需求计算结果如表5-3所示。

表5-3 中原经济区2011年能源消费生态需求计算表

能源类型	折算系数	全球平均生产能力(10^9焦耳/公顷)	人均消费量(10^9焦耳/人)	人均占用面积(公顷/人)	生态面积类型
煤炭	20.934	55	48.129266	0.875078	化石燃料用地
石油	41.868	93	12.451635	0.133889	化石燃料用地
天然气	54.180	71	3.634759	0.051194	化石燃料用地
电力	11.84	1000	5.719080	1.004443	建筑用地

注:全球平均生产能力数据来自《世界能源统计年鉴2012》,能源折算系数参考百度文库中《各种能源参考热值及折标准煤系数表》。

5.3.1 生态足迹计算

目前已经知道生物各消费项目的人均生物生产性土地面积和能源各项消费项目的人均生物生产性土地面积,需要计算总的人均生态足迹。具体计算

步骤如下:

(1) 分别将各项消费项目的人均生物生产性土地面积按耕地、林地、草地、水域、化石燃料用地和建筑用地进行分类加总。

(2) 分别将这六种类型土地分类汇总的人均生物生产性土地面积乘以相应类型土地的均衡因子。在计算生态足迹时,由于各种类型的土地单位面积的生产能力差异很大,需要在计算得到的这六种人均生物生产性土地面积前分别乘以相应的均衡因子,以便于转化为可以比较和加总的人均生物生产性土地均衡面积。

(3) 将这六类人均生物生产性土地均衡面积加总,即得中原经济区总的人均生态足迹。

(4) 将得到的中原经济区总的人均生态足迹乘以中原经济区总人口,即得中原经济区总的生态足迹。2011 年中原经济区生态足迹的计算结果如表 5-4 所示。

表 5-4 中原经济区 2011 年人均生态足迹(生态需求)计算结果

土地类型	生态需求		
	均衡因子	人均占用面积(公顷/人)	人均均衡面积(公顷/人)
耕地	2.8	0.129065	0.361383
林地	1.1	0.849896	0.934886
草地	0.5	2.541551	1.270775
水域	0.2	0.191355	0.038271
化石燃料用地	1.1	1.060160	1.166176
建筑用地	2.8	0.005719	0.016013
总人均生态足迹	—	—	3.787504
总生态足迹	—	—	694090695.8

注:"—"表示表格内无数据内容。

中原经济区的发展主要是以河南省为中心,这里给出了河南省的生态足迹计算结果,如表 5-5 所示。

表 5-5 河南省 2011 年人均生态足迹（生态需求）计算结果

土地类型	生态需求		
	均衡因子	人均占用面积（公顷/人）	人均均衡面积（公顷/人）
耕地	2.8	0.091734	0.256856
林地	1.1	0.863087	0.949396
草地	0.5	3.109132	1.554566
水域	0.2	0.100892	0.020178
化石燃料用地	1.1	0.851113	0.936224
建筑用地	2.8	0.000885	0.002478
总人均生态足迹	—	—	3.719699
总生态足迹	—	—	390159203.8

注："—"表示表格内无数据内容。

2000~2011 年中原经济区各项生物资源消费的人均生态足迹和各项能源资源消费的人均生态足迹如附表 5-1、附表 5-2、附表 5-3、附表 5-4、附表 5-5、附表 5-6 所示。

5.4 中原经济区生态承载力供给计算

生态承载力表示了生态足迹的供给方面。生态承载力的计算要根据各地区的各类土地的人均实际占有面积、各地区各类型土地的产出能力，计算出各地区的人均生态容量。中原经济区生态承载力的具体计算步骤如下：

（1）将各类型土地的人均实际占有面积分别乘以相应的产量因子，以便消除不同国家或地区的同类生物生产性土地的生产力的差异，即转化为具有世界平均产量的生物生产性土地面积。

（2）将转化后的生物生产性土地面积分别乘以相应的均衡因子，将其转化为具有可比性和可加总的生物生产性土地面积。

（3）将最终得到的这六种类型可加总的生物生产性土地面积进行加总，

即得中原经济区总的人均生态承载力。

（4）将得到的中原经济区总的人均生态承载力乘以中原经济区的总人口，即可以得到中原经济区总的生态承载力。2011年中原经济区生态承载力的计算结果如表5-6所示。

表5-6 中原经济区2011年人均生态承载力（生态足迹供给）计算结果

土地类型	生态承载力			
	均衡因子	产量因子	人均实际土地面积（公顷/人）	人均均衡面积（公顷/人）
耕地	2.8	2.02	0.077165	0.436445
林地	1.1	0.91	0.038370	0.008019
草地	0.5	0.19	0.000397	0.000180
水域	0.2	1	0.00566	0.001132
化石燃料用地	1.1	0	0	0
建筑用地	2.8	2.02	0.001649	0.009326
总人均供给面积	—	—	0.123240	0.455103
12%生物多样性保护用地	—	—	—	0.054612
人均生态承载力	—	—	—	0.400490
总生态承载力	—	—	—	73393080

注："—"表示表格内无数据内容。

根据表中的数据可看出在这六种生物生产性土地类型中，耕地的人均土地面积最大，而草地的人均土地面积最小。

2000~2011年中原经济区人均生态承载力详见表5-7。

表5-7 中原经济区2000~2011年生态承载力汇总表

单位：公顷/人

年份	耕地	林地	草地	水域	建筑用地	人均生态承载力
2000	0.444821	0.000135	0.00829	0.001183	0.005785	0.460213
2001	0.442535	0.000136	0.008224	0.00119	0.006079	0.458165
2002	0.448134	0.000137	0.008548	0.001183	0.00646	0.464462

续表

年份	耕地	林地	草地	水域	建筑用地	人均生态承载力
2003	0.442318	0.000139	0.010252	0.001222	0.006824	0.460754
2004	0.447723	0.00014	0.011277	0.001228	0.007268	0.467636
2005	0.457272	0.000148	0.011226	0.001235	0.007187	0.477069
2006	0.435258	0.000169	0.01125	0.001242	0.007505	0.455424
2007	0.439267	0.000166	0.011178	0.001161	0.008035	0.459808
2008	0.453175	0.000168	0.011174	0.00117	0.008436	0.474124
2009	0.451773	0.000177	0.010365	0.001167	0.008725	0.472208
2010	0.437491	0.000181	0.008404	0.001133	0.009029	0.456237
2011	0.436445	0.00018	0.008019	0.001132	0.009326	0.455103

5.5 生态足迹的供给与需求比较

生态足迹的供给与需求比较即是将生态承载力与生态足迹进行比较,当生态承载力大于生态足迹时,那么该地区就是生态盈余,或者说该地区的生态系统具有安全性和可持续性,即该地区的生态供给能力能够满足该地区的人们对本地区的自然生态系统产品和服务的需求;反之,生态承载力小于生态足迹时,那么该地区就是生态赤字,或者说该地区的生态系统不具有安全性和可持续性,即人们对生态足迹的需求已经超出了该地区生态足迹的供给,或者说,该地区对生态系统的压力已经超出了该地区所提供的生态承载力范围了。

中原经济区2011年生态足迹的供给与需求比较结果如表5-8所示。

第5章 基于生态足迹法下中原经济区生态承载力的实证分析

表5-8 中原经济区生态足迹的需求与供给（2011年）

土地类型	人均生态足迹的需求			人均生态足迹的供给			
	均衡因子	人均占用面积（公顷/人）	均衡面积	均衡因子	产量因子	人均实际土地面积（公顷/人）	均衡面积
耕地	2.8	0.129065	0.361383	2.8	2.02	0.075569	0.436445
林地	1.1	0.849896	0.934886	1.1	0.91	0.042271	0.008019
草地	0.5	2.541551	1.270775	0.5	0.19	0.000693	0.000180
水域	0.2	0.191355	0.038271	0.2	1	0.004507	0.001132
化石燃料用地	1.1	1.060160	1.166176	1.1	0	0.000000	0.000000
建筑用地	2.8	0.005719	0.016013	2.8	2.02	0.001925	0.009326
总需求足迹	—	—	3.787504	—	—	—	0.455103
12%生物多样性保护用地	—	—	—	—	—	—	0.054612
总生态承载力	—	—	—	—	—	—	0.400490
生态盈余	—	—	—	—	—	—	-3.38701

注：表中"—"表示表格内无数据内容。

中原经济区2000~2011年生态足迹供给与需求汇总结果详见附表5-7、附表5-8、附表5-9。

5.6 中原经济区生态足迹分析

5.6.1 生态足迹趋势分析

中原经济区年末总人口从2000年的16572万人增加到18326万人，增幅达10.58%，前面数据表中掩盖了数据计算的一些过程。这里进一步整理出生态足迹相关总量指标进行比较（见表5-9）。

表 5-9　2000~2011 年中原经济区生态足迹总量表

单位：万公顷

年份	生态足迹	生态承载力	12%的生物多样性	生态盈余
2000	36012	7627	915	-29300
2001	35673	7641	917	-28949
2002	38153	7803	936	-31286
2003	39308	7790	935	-32453
2004	43519	7960	955	-36515
2005	44006	8172	981	-36814
2006	50803	7867	944	-43880
2007	58608	8006	961	-51563
2008	60897	8331	1000	-53566
2009	62908	8362	1003	-55549
2010	65109	8339	1001	-57770
2011	69409	8340	1001	-62070

注：表中生态赤字是 = 生态承载力 × (1-12%) - 生态足迹。

5.6.1.1　生态足迹总量指标比较

图 5-3 显示 2000~2011 年中原经济区生态需求总量总体呈现上升趋势，年均递增 6.14%，且 2005~2011 年增加幅度更加明显，年均递增 7.89%。经过 12 年的上涨，生态需求总量是初期的 1.93 倍。说明人类活动对自然生态的需求在持续增加，同时也反映经济的快速发展和人们生活水平的提高，导致对资源消费的急速增长。

5.6.1.2　不同土地类型生态足迹的动态变化

从生态足迹的结构来看（见图 5-4），中原经济区六种土地类型中生态足迹最大的是草地足迹，其次是化石燃料用地，林地处于第三位，生态足迹比例最小的土地类型是建筑足迹。从图 5-4 中可以看出，这六种土地类型的生态足迹在 2002~2011 年除耕地外均呈逐年上升的趋势。增加最快的是化石燃料足迹，年均增长率达到了 10.23%，其次是林地足迹和草地足迹，年增长率分别达到 7.65% 和 4.75%。从增加的绝对数量来看，增加最多的也是化

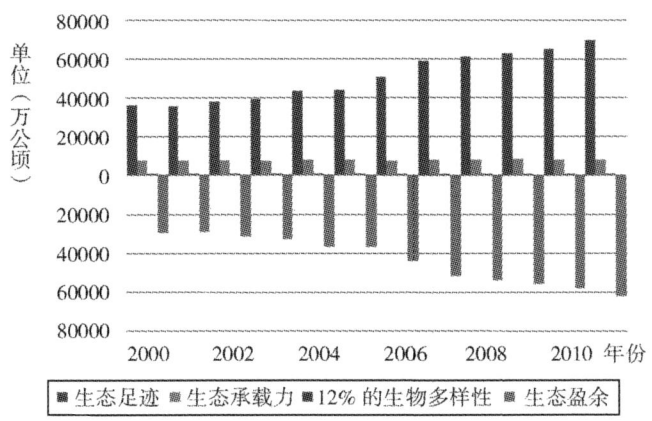

图 5-3 中原经济区生态足迹总量变化图

石燃料足迹,2000年中原经济区的化石燃料足迹为7324万公顷,2011年增加到21371万公顷,12年间净增长14047万公顷。同样林地足迹增加的绝对数量也是很大的,2000年中原经济区的林地足迹为7612万公顷,2011年增加到17133万公顷,12年间的净增长为9521万公顷。

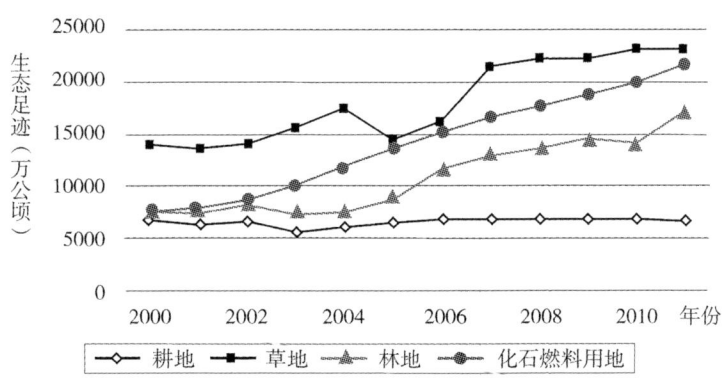

图 5-4 中原经济区耕地、草地、林地、化石燃料用地生态足迹的动态变化图

经过上述分析,现阶段中原经济区对草地和化石燃料用地的需求占主导地位,同时对林地的需求也在大幅度增长。

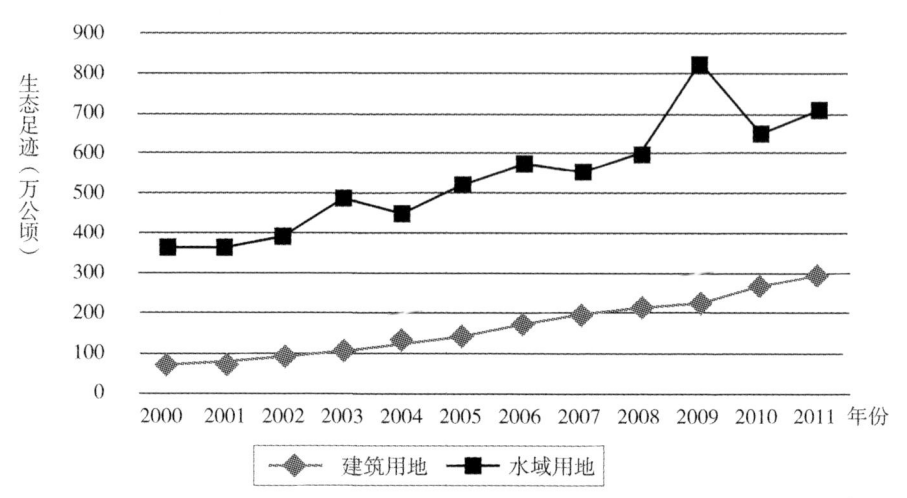

图 5-5　中原经济区建筑用地、水域用地生态足迹的动态变化图

5.6.1.3　人均生态足迹的动态变化

如图 5-6 所示，中原经济区人均生态足迹每年以 0.147 公顷/人的速度上升，从图 5-6 中可以看出，中原经济区的人均生态足迹是稳定增长的。中原经济区 2000 年的人均生态足迹为 2.173 公顷/人，2011 年增加到 3.788 公顷/人，12 年间的年均增长率为 5.18%。

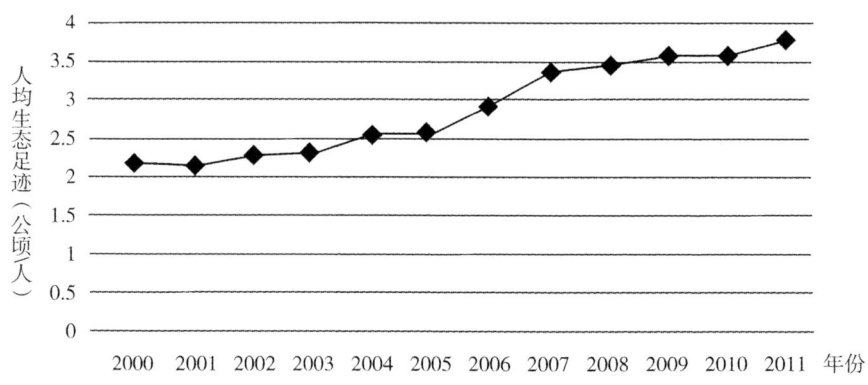

图 5-6　中原经济区 12 年间人均生态足迹的动态变化

5.6.1.4 各种土地类型人均生态足迹动态变化

如图 5-7 所示，12 年间这六种土地类型生态足迹最高的是草地，其次是化石燃料用地，2011 年化石燃料用地和草地的人均生态足迹分别为 1.166 公顷/人和 1.271 公顷/人。这 12 年间人均生态足迹最小的均是建筑用地，虽然建筑用地人均生态足迹的绝对值较小，但是增长速度却是最快的，其增长速度为 1.1293，增长速度其次快的是化石燃料用地，增长速度为 1.0922；而耕地反而有所减少，2000 年耕地人均足迹为 0.4025 公顷/人，2011 年耕地人均足迹降到 0.3614 公顷/人。以上研究表明，中原经济区生态足迹的主要类型是草地、化石燃料用地、林地和耕地，同时，对水域和建筑用地的要求也有所增加。

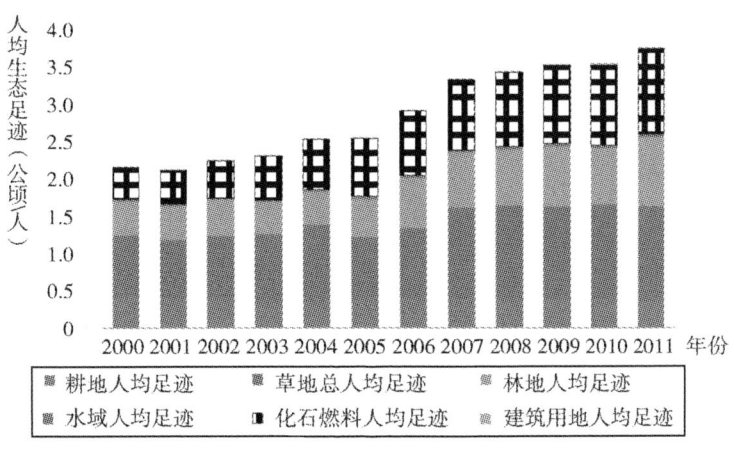

图 5-7 中原经济区 2000~2011 年不同土地类型人均生态足迹的动态变化

5.6.2 生态承载力的动态变化

5.6.2.1 总生态承载力的动态变化

从图 5-8 可看出，中原经济区 2000~2011 年总的生态承载力整体上呈上升趋势，2005~2006 年中原经济区的生态承载力有所下降，2006 年是生态承载力的一个拐点，从 2006 年中原经济区的生态承载力开始增加，2008~

2011年中原经济区的生态承载力基本保持不变。2000年中原经济区的生态承载力为7626.79万公顷,2005年增加到8172.22万公顷,净增承载力545.43万公顷,年均增长率1.39%,2006年中原经济区的生态承载力减少到7866.66万公顷,2008年增加到8331.14万公顷,净增承载力464.48万公顷,年均增长率达到2.91%。中原经济区对除耕地外其余五种类型土地的面积均有不同程度的增加,其余五种类型的土地面积增加的程度远远大于耕地减少的程度,且未使用土地面积呈现下降趋势,由于本章采用的产量因子不随时间发生变化,因此,中原经济区总承载力的上升是由土地利用面积扩张引起的。

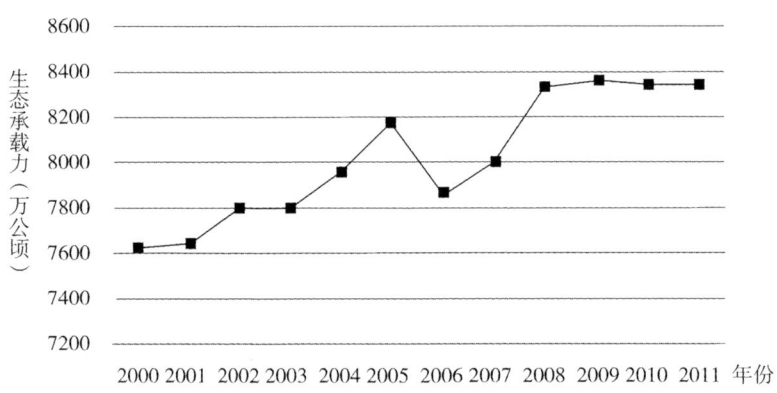

图5-8 中原经济区生态承载力动态变化图

5.6.2.2 人均生态承载力的动态变化

中原经济区人均耕地生态承载力呈现的是波动型的变化形式。2005~2006年有一个大的降低,但是从2006年开始又有所增加,2008~2011年中原经济区的人均耕地生态承载力又有所降低。从总的变化来看,这12年内中原经济区人均耕地生态承载力是有所降低的,中原经济区本身是靠农业来发展的,由于近年来经济的发展,很多家庭都外出打工,部分地区的土地被拿来征用,导致耕地面积减少,这可能是中原经济区人均耕地生态承载力降低的原因。

第5章 基于生态足迹法下中原经济区生态承载力的实证分析

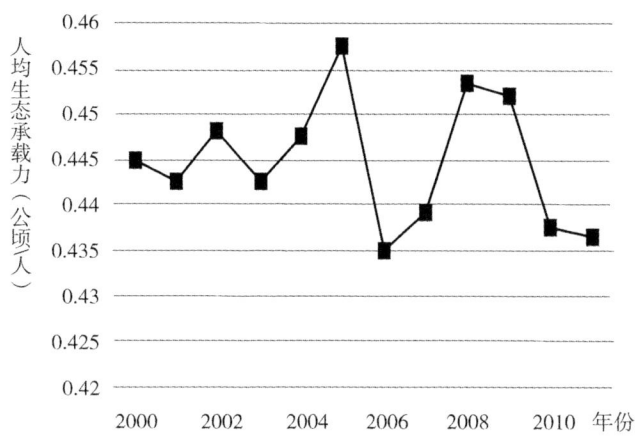

图 5-9 中原经济区人均耕地生态承载力的动态变化图

从图 5-10 可以看出，中原经济区的人均草地生态承载力和人均水域生态承载力基本没有什么大的变化，总的来说，人均草地生态承载力是有所增加的，但增加的幅度不是很大，人均水域生态承载力是有所降低的，同样降低的幅度也不是很大。

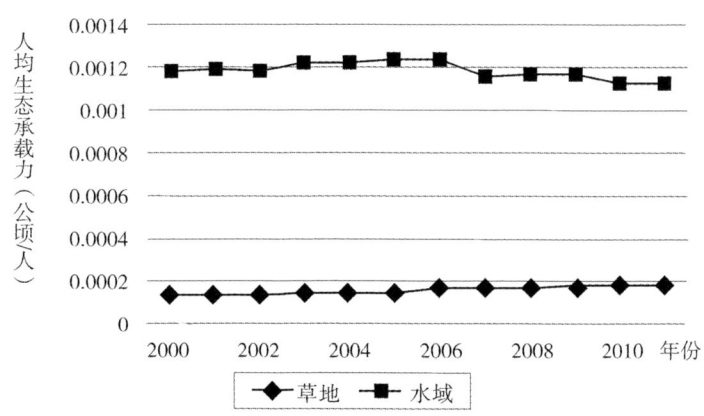

图 5-10 中原经济区人均草地、水域生态承载力动态变化图

在中原经济区人均林地生态承载力动态变化图中可以看出，它呈现的是一个倒"U"形，即人均林地生态承载力是先增加后减少的，总的来说，这

· 153 ·

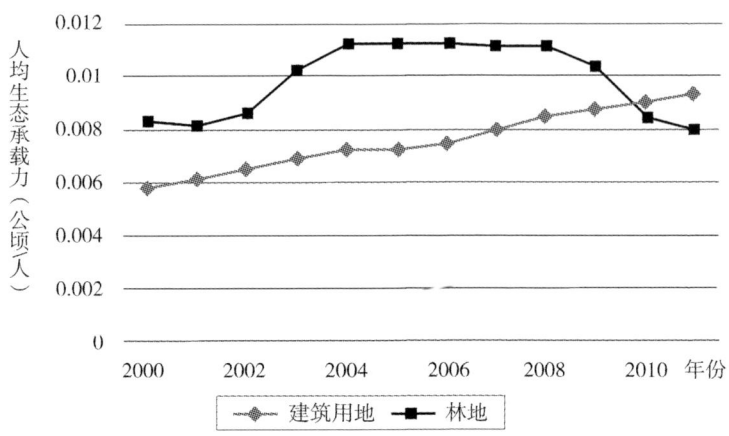

图 5-11 中原经济区人均建筑用地、林地生态承载力动态变化图

12 年中原经济区人均林地生态承载力的变化不是很大，2000 年人均林地生态承载力为 0.00829 公顷/人，2011 年人均林地生态承载力为 0.00802 公顷/人。在中原经济区人均建筑用地生态承载力动态变化图中可以看出，中原经济区的人均建筑用地生态承载力呈现的是均匀递增的形式，2000 年人均建筑用地生态承载力为 0.005785 公顷/人，2011 年人均建筑用地生态承载力为 0.009326 公顷/人，年均增长率达到 4.44%，可见中原经济区对人均建筑用地生态承载力的要求在逐年增加。

5.6.2.3 中原经济区生态足迹与生态承载力相关指标的计算

由表 5-10 分析可知，中原经济区人均生态足迹由 2000 年的 2.173054 公顷逐年增加至 2011 年的 3.787504 公顷，而人均生态承载力则相反，由 0.404988 公顷逐年减少到 0.400490 公顷。中原经济区 2000 年的人均生态盈亏为 1.768067 公顷，2011 年的人均生态盈亏为 3.387014 公顷。这 12 年生态赤字增加了 1.91 倍。生态赤字的不断变大说明中原经济区人口对自然资本的利用超出了自然系统的生态承载力阈值，中原经济区处于不可持续发展状态。

第5章 基于生态足迹法下中原经济区生态承载力的实证分析

表5-10 中原经济区生态足迹与生态承载力及其相关指标计算结果

年代	人口总数（万人）	人均生态足迹（公顷）	人均生态承载力（公顷）	生态盈亏（公顷）	生态足迹变化率	生态承载力变化速率	剪刀差（弧度）	生态承压度
2000	16572.29	2.173054	0.404988	-1.768067	-0.0878	0.0031	0.0907	5.366
2001	16676.48	2.139147	0.403185	-1.735962	0.0132	0.0025	0.0107	5.306
2002	16800.48	2.270927	0.408727	-1.862200	0.0950	0.0019	0.0928	5.556
2003	16906.41	2.325057	0.405464	-1.919593	0.1576	0.0013	0.155	5.734
2004	17020.89	2.556805	0.411519	-2.145285	0.2010	0.0007	0.1977	6.213
2005	17130.07	2.568929	0.419821	-2.149108	0.2252	0.0001	0.2214	6.119
2006	17273.26	2.941111	0.400773	-2.540338	0.2302	-0.0005	0.2268	7.339
2007	17411.57	3.366048	0.404631	-2.961417	0.2160	-0.0011	0.2138	8.319
2008	17571.65	3.465619	0.417229	-3.048390	0.1826	-0.0017	0.1823	8.306
2009	17708.50	3.552404	0.415543	-3.136860	0.1300	-0.0023	0.1316	8.549
2010	18278.46	3.562042	0.401489	-3.160553	0.0582	-0.0029	0.061	8.872
2011	18325.81	3.787504	0.400490	-3.387014	-0.0328	-0.0035	0.0293	9.457

5.6.3 中原经济区变化速率与剪刀差计算与分析

采用人均生态足迹曲线方程为 $y_1(t) = a_0 + a_1 t + a_2 t^2 + a_3 t^3$，人均生态承载力曲线方程为 $y_2(t) = b_0 + b_1 t + b_2 t^2$，其中 t 表示时间变量。根据表4-10中的数据，经多项式回归分析和统计曲线拟合法得到中原经济区2000~2011年生态足迹与生态承载力时间动态模型为：

$$y_{ef} = 2.3313 - 0.208t + 0.0649t^2 - 0.0032t^3 \quad (5.6-1)$$

$$y_{bc} = 0.3992 + 0.0037t - 0.0003t^2 \quad (5.6-2)$$

式（5.6-1）和式（5.6-2）分别描述了人均生态足迹和人均生态承载力随时间变化的动态规律。图5-12显示了2000~2011年中原经济区人均生态足迹、人均生态承载力和生态盈亏的动态趋势。

对式（5.6-1）和式（5.6-2）两边求导数可得：

人均生态足迹的变化速率为：$y'_1(t) = -0.208 + 0.1298t - 0.0096t^2$

$$(5.6-3)$$

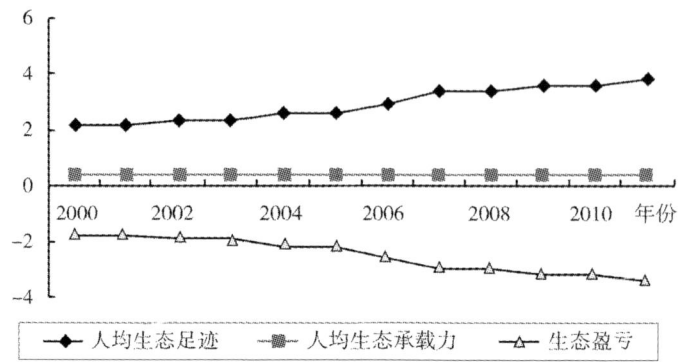

图5-12 中原经济区人均生态足迹、人均生态承载力、生态盈亏的动态趋势

人均生态承载力的变化速率为：$y'_2(t) = 0.0037 - 0.0006t$ (5.6-4)

根据式（5.6-3）、式（5.6-4），可计算得2000~2011年不同时间的人均生态足迹和人均生态承载力的变化速率（见图5-12），根据变化速率的正负值可以对生态足迹和生态承载力的动态趋势做出判断。

将式（5.6-3）和式（5.6-4）代入式（5.6-3）式可以得到剪刀差值的计算公式：

$$\alpha = \cos^{-1} \frac{1 + y'_1(t)y'_2(t)}{[1 + \{y'_1(t)\}^2]^{\frac{1}{2}}[1 + \{y'_2(t)\}^2]^{\frac{1}{2}}} \quad (5.6-5)$$

其中，$0 \leq \alpha \leq \pi$。

根据式（5.6-5），计算所得2000~2011年的剪刀差值α（见图5-12）。

从图5-12可知，2000~2011年中原经济区人均生态足迹与人均生态承载力的趋势呈反向发展趋势。2000年、2011年中原经济区人均生态足迹的变化速率为负值，这表明2011年人均生态足迹呈下降趋势。2001~2010年人均生态足迹的变化速率为正值，表明这一阶段人均生态足迹呈上升趋势，期间人均生态足迹的变化率先是在不断地增大，然后再不断地缩小，说明人均生态足迹的上升速度先是增加后是减小。2000~2005年人均生态承载力的变化速率为正值，表明在这段时期人均生态承载力是在增加的，但2006~2011年人均生态承载力的变化速率为负值，这表明其变化趋势一直呈下降趋势，但不断减少的变化速率表示其生态承载力的下降速度在逐渐增加，说明中原经济区各地的开发方式存在一些问题，使得生态承载力逐年降低。中原经济区人均生态足迹和生态承载力剪刀差值 α 由 2000 年的 0.0907 上升到 2006 年的 0.2268，6 年内增加了 2.5 倍，剪刀差值 α 由 2006 年的 0.2268 减少到 2011 年的 0.0293，可见两者变化的差异先增大后减小。生态足迹和生态承载力之间的矛盾在加剧，人地关系越来越紧张，2006 年这种紧张关系有所放缓，但生态环境仍处于不安全状态，说明在这一时间序列内中原经济区的发展模式有所改善，但仍处于不可持续的状态，因此该地区需要尽快采取措施，缩小两者的差异。

5.6.4 中原经济区生态承压度计算与分析

生态承压度是度量生态承载力状况的又一重要指标。根据生态承压度计算模型以及重要经济区的人均生态足迹和生态承载力计算的结果，计算出 2000～2011 年中原经济区的生态承压度（见表 5-11）。生态承压度是生态足迹与生态承载力的比值，即将一个地区每年的生态承载力的阈值看作整数 1，表示是"一个该地区"，则该地区的生态区级就可用本地区的个数来衡量，其生态经济学意义可以理解为：特定地区的人口在一定时期需要"几个本地区"的生态承载力供给来支撑其对生态承载力的需求。

表 5-11 中原经济区生态足迹与生态承载力预测表

年代	人均生态足迹（公顷）	人均生态承载力（公顷）	生态盈亏（公顷）	生态足迹变化率	生态承载力变化速率	剪刀差（弧度）	生态承压度
2012	4.146279	0.393697	-3.752582	0.1430	-0.0041	0.1379	10.532
2013	4.396958	0.384582	-4.012376	0.2724	-0.0047	0.2613	11.433
2014	4.662793	0.373058	-4.289735	0.4210	-0.0053	0.3932	12.499
2015	4.944700	0.358878	-4.585822	0.5888	-0.0059	0.5263	13.778
2016	5.243651	0.341797	-4.901854	0.7758	-0.0065	0.6533	15.341
2017	5.560676	0.321570	-5.239106	0.9820	-0.0071	0.7693	17.292
2018	5.896868	0.297949	-5.598919	1.2074	-0.0077	0.8715	19.792
2019	6.253386	0.270691	-5.982695	1.4520	-0.0083	0.9595	23.102

图 5-13 显示了 2000~2011 年中原经济区生态承压度的变化趋势。2000~2011 年生态承压度均大于 1，表明期间中原经济区生态承载力供给始终小于需求，生态系统处于超负荷状态。从 2001 年开始，生态承压度呈现出不断增加的趋势，表明中原经济区的生态承载力需求越来越多地超过了供给，生态系统处于严重的超负荷状态。中原经济区生态承载压力在迅速增加，导致自然资本迅速消耗，人地关系的恶化在逐渐增大。

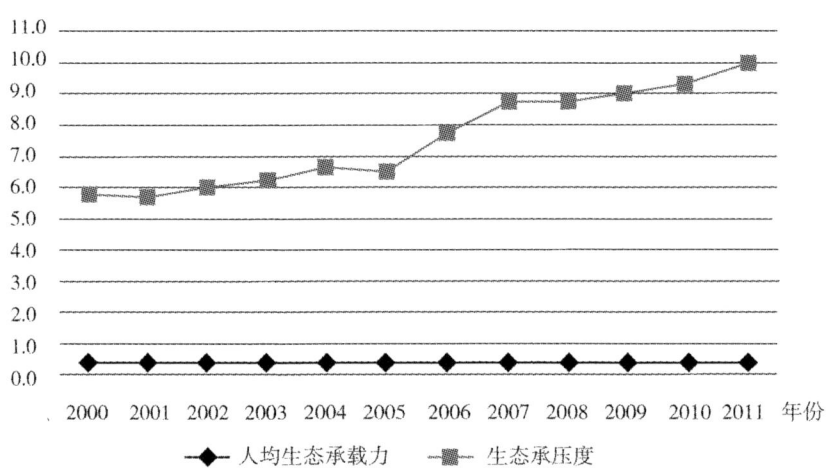

图 5-13　2000~2011 年中原经济区生态承压度变化趋势

5.6.5　中原经济区生态足迹与生态承载力预测分析

假设中原经济区在未来一段时间内人口增长、消费模式、土地利用和进出口贸易状况保持 2000~2011 年的发展趋势，利用式（5.6-1）到式（5.6-5）和趋势外推法，这里我们对未来 8 年（2012~2019 年）中原经济区人均生态足迹、人均生态承载力、生态盈亏及其变化速率和剪刀差值进行了预测（见图 5-12）。因此，可以反映 2012~2019 年中原经济区生态可持续发展的整体趋势（见图 5-13）。

表 5-14 显示 2019 年中原经济区人均生态足迹将增至 6.253386 公顷，人均生态承载力将降至 0.270691 公顷，生态赤字为 5.982695 公顷，生态足

第5章 基于生态足迹法下中原经济区生态承载力的实证分析

迹需求将高达生态承载力供给的 23.102 倍,人均生态足迹的变化速率将达到 1.4520,人均生态承载力的变化速率将为 -0.0083,说明 2019 年人均生态足迹以较高的速度增长,相反人均生态承载力以较快的速度降低,两者依然在向相反方向发展。同时,2019 年剪刀差值将达到 0.9595,变化趋势的差异快速增加到 2000 年的 10.58 倍,这同样说明了中原经济区未来的供需矛盾在逐渐的增大。

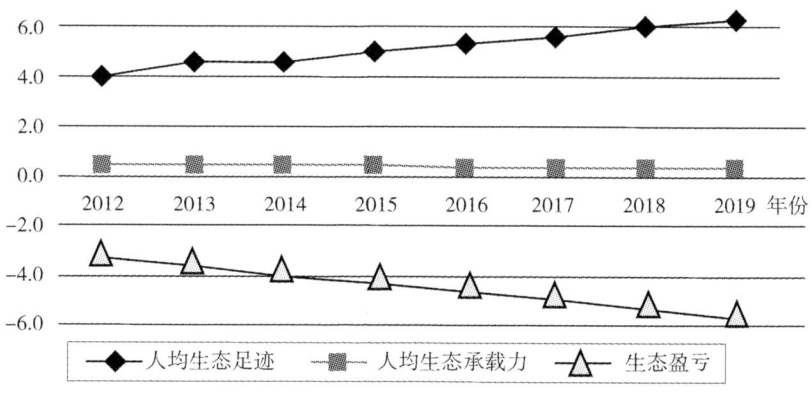

图 5-14 中原经济区人均生态足迹与人均生态承载力发展预测

图 5-14 显示在未来 8 年中原经济区人均生态足迹和生态承载力的发展趋势。图 5-15 显示该时期中原经济区人均生态足迹和人均生态承载力的变化速率和剪刀差值的变化趋势。图 5-16 显示在以上预测数据的基础上,中原经济区在未来 8 年内的生态承压度的变化趋势。由图可知,未来中原经济区人均生态足迹将不断增大,人均生态承载力将不断降低,生态承压度必然会不断变大,人口对生态承载力需求将远远超出生态承载力的供给能力。显然,如果该趋势得不到尽快扭转,未来的可持续发展将无从谈起。8 年以后,中原经济区如果不采取相应的可持续发展模式,中原经济区人民未来将生活在日益严重的生态赤字的发展状态下,为了摆脱这种状态,中原经济区需要提高生产力水平以及制定好的资源规划。

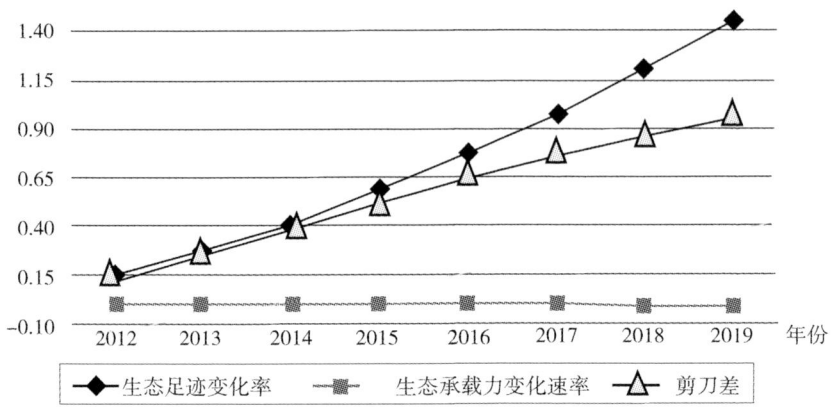

图 5-15 中原经济区生态足迹变化速率、生态承载力变化速率、剪刀差的趋势预测图

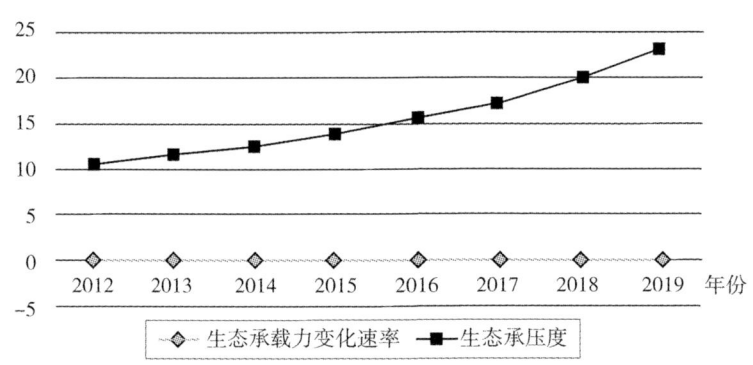

图 5-16 中原经济区生态承压度趋势预测图

5.7 促进中原经济区发展的政策建议

为了更好、更快地促进中原经济区的发展,本节从以下几个方面提出了促进中原经济区可持续发展的对策和建议。

5.7.1 加快促进产业结构转型，提高经济发展质量

近几年来中原经济区经济快速增长，但增长方式粗放，结构性矛盾日益突出。在区域竞争日益激烈的环境下，长期以来形成的技术水平低下，过于依赖能源、原材料行业的产业结构发展状况，难以支撑中原崛起的重任。面对当前复杂多变的宏观经济环境，为保证中原经济区的可持续发展，应加快技术创新，积极主动调整产业结构，加快推进产业结构优化升级，提高产业的附加值，提升能源消费质量，继续推进节能减排，改变传统的生产消费方式，建立资源节约型的社会生产和消费体系。

5.7.2 优先发展高等教育

建设中原经济区的核心问题是转变经济发展方式，即经济增长方式由主要依靠物质资源消耗向主要依赖科技进步及劳动者素质提高和科技创新进行转变。而要实现这个转变，必须优先发展高等教育，培养高素质人才。但是作为中原经济区的核心区域——河南和其他省份比较起来，教育资源略显落后，目前河南没有一所985学校，211学校也只有郑大一所，没有一所教育部直属的高校，很少能得到国家财政的直接支持。河南教育资源的落后和作为全国经济、农业、人口大省的地位极不相称，因此除了呼吁国家在对教育资源合理分配时重点考虑河南外，我们高校本身要通过自己的努力，提高学校的办学质量，体现各自的办学特色。为中原经济区的快速发展提供高质量的人才，河南高校一方面要加快学科建设和专业结构调整，另一方面也要加强应用型人才的培养，学生培养计划和社会需求紧密连接。

5.7.3 加快特色产业发展，发挥中原文化旅游优势

过去河南旅游产业过分依赖自然或人文遗存资源，以观光为主要游览形式，资源利用效率低下，附加值不高，旅游文化表达性不强。产业融合作为

新的产业分化和重组的形成路径,可以通过两大产业之间的技术融合、功能融合、市场融合和价值整合催生新的增长点。加强区域内文化资源利用的统筹规划,避免同质竞争,打造一批特色鲜明,具有国际影响力的文化品牌,支持传统中医药的整理和传承,加强中原经济区地道药材原材料保护,开展中医药知识产权管理保护试点,促进中医药产业发展。中原地区作为华夏文明的摇篮,文化旅游资源极其丰富,文化是旅游的"灵魂",旅游是文化的重要"载体",在加快旅游产业的快速发展过程中,要突出传统文化特色,建设一批特色品牌的旅游城市,开发具有知识产权的特色文化旅游商品。促进文化产业和旅游产业的融合,革新两大产业的产品形式,组织形式和竞争态势,大幅度提高文化资源和旅游资源的价值功能。文化产业和旅游产业的融合所形成的资源共享优化了生产要素的配置,并且提高了文化旅游产业在整个经济体系中获取资源能力,其竞争力自然得到了提升,综合效益也随之提升。

5.7.4 继续推进农业现代化,加快农产品加工业的健康发展

作为中原经济区的核心区域——河南,是中国的经济大省、人口大省更是农业生产大省,农业经济的健康发展对中原经济区乃至整个国家具有举足轻重的作用。中原经济区正处于传统农业向现代农业转变的关键时期,总体上呈现出"低效与高耗"的特征。为了农业经济的可持续发展,我们一方面要继续推进农业现代化,大力发展科技,加快转变农业发展方式,优化农业产业结构,提高粮食综合生产能力,提倡科技创新,积极推进农业结构调整,建设粮食生产核心区。另一方面要积极发展绿色农业,大力发展优质畜产品和特色高效农产品生产,促进农业生产经营专业化、标准化、规模化、集约化,推动现代农业示范区建设,构建高产、优质、高效、生态、安全的现代农业产业体系。推进农业剩余物的资源化利用,大力发展节水、节地、节肥、节药和节能农业。

认真实施《国家新增 1000 亿斤粮食生产能力规划》,强力推进中低产农田的改造,加快高标准农田的建设;加强农田防护林体系的建设,改善农业

生态环境；加强农田水利建设，提高防灾抗灾减灾能力；加快农业科技创新，积极发展循环农业，提高粮食生产的可持续发展能力；实施农业机械化、农业生态环境保护、仓储物流和粮食加工等工程建设。不断提高粮食的生产能力，确保2020年粮食生产能力达到1300亿斤。

5.7.5 进一步提高能源开发利用水平，增强工业产能、布局、结构与资源开发的协调性

中原经济区存在大量矿产资源型城市，生态环境压力很大，应充分合理的利用矿产资源，提高开发利用效率，优化能源结构和布局，保护矿产地质生态环境。

中原经济区在新能源、资源回收以及节能建材等低碳产业具有一定的基础，要加快发展低碳经济，培育新的经济增长点，发展低碳经济，要注重新型可再生能源的研发与推广，注重高效率的能源传输和转换技术的开发，注重提升能源使用效率技术的研发，发展先进制造业，先进制造业对促进低碳经济发展具有重要作用，另外，要加大国土绿化工作，加强生态环境保护和治理，不断促进中原经济区的可持续发展。

针对各地市的能源分布特点，进行能源的合理分配和利用。推进南阳等地核电建设，大力发展太阳能、风能、生物质能、地热能等新能源，提高非化石能源消费比重。电力发展应力求满足本省需求的基础上，兼顾各省之间的调剂。推进电网与电源之间的协调发展，加强城市电网建设和农村电网改造升级，积极发展智能电网。有效开发郑州、平顶山等六大煤炭矿区，合理配置后备资源，培育大型的煤炭企业集团，建立煤炭安全生产长效机制。

5.7.6 发展节能环保产业

经济的快速发展和人们生活水平的提高导致对资源需求急速增长，资源需求和资源供给的不协调，使得中原经济区的生态赤字不断扩大。为了缓解生态赤字不断增加的压力，应大力发展节能环保产业。开发推广高效节能环

保技术装备及产品,大力发展以设计、建设、运营为核心的节能环保工程服务业,建立先进技术支撑的废旧商品回收利用体系,积极推进煤炭清洁利用。

5.7.7 加快铁路、民航、公路及城市交通建设,充分发挥各种交通运输方式的整体优势和组合效率

多样化的交通方式必定给区域之间的互动合作带来极大便利,对提升中原经济区城市群的城市竞争力和辐射力也有着积极作用。为推进中原经济区的快速发展,应统筹各种运输方式协调发展,推进枢纽型、功能性、网络化交通设施建设,构建全国重要的现代综合交通枢纽,形成便捷、安全、高效的综合交通体系,建设畅通中原,打造东融西拓、服务全国的战略性通道。

加快发展以郑州为中心的交通运输体系,推进郑州东站、郑州航空港、郑州火车站三大客运枢纽建设,实现客运"零转换"和货运"无缝衔接"。

5.7.8 改变以招商引资数量和单纯 GDP 增加值为主要内容的传统考核模式

传统的考核模式使地方政府把过多的资源用于投资拉动经济增长,既影响其提供公共服务的能力,也制造了财政饥渴,直接影响到居民收入。我国 GDP 很大程度靠资源消耗,甚至是污染环境来换取的,只注重 GDP 会付出巨大代价,包括环境成本、生命成本、资源成本,因此在追求 GDP 增长的同时,应注重增长质量,发展绿色 GDP,不应以消耗资源为代价,坚持以人民群众的根本利益出发,保证中原经济区的可持续发展。

5.7.9 加强环境保护,促进环境与经济的协调发展

作为中原经济区的核心区域——郑州,被评为环境最差的十大城市之一,环境的不断恶化对郑州在中原经济区中的火车头地位非常不利。为了促进中

原经济区的可持续发展，必须要坚持以环境保护优化经济发展，严格执行环境影响评价制度，继续加强污染减排工程的建设，不断提高环境监督管理水平，把环境保护纳入各级政府绩效考核，对在环境保护中作出显著贡献的单位和个人及时给予表彰奖励。

5.7.10 提升郑州全国区域性中心城市地位

要实现中部崛起，应该积极扶持大郑州都市圈和中原城市群的发展，促进国家城市的发展和优化。中部地区在全国竞争力较弱是因为缺乏超级中心龙头城市，河南在全国的竞争力不高的原因是郑州还不够强不够大，所以无论从促进河南崛起，还是从促进中原经济区的发展大局来讲，都需要塑造一个真正的地区发展火车头，尤其需要尽快把区域优势明显，资源条件优越，发展潜力巨大的郑州做大做强，使之成为在中部地区乃至全国举足轻重的中心龙头城市，带动河南乃至中原经济区的崛起，因此把郑州建设成区域性中心城市，无论对河南、中原经济区还是对整个国家的经济发展都有很重要的作用。

本章小结

中原经济区地处我国中心地带，是全国范围内极具发展潜力的一个区域。本章利用生态足迹法对中原经济区的生态承载状况进行了分析。

5.1 节对中原经济区的行政区域划分、区域经济状况、生态环境状况、自然状况及发展优势进行了简单介绍。

5.2 节对中原经济区 2000~2011 年中原经济区的数据进行了整理和处理。

5.3 节由于生态足迹法的关键是生态需求与生态供给的计算，本节对中原经济区的 2000~2011 年的生态需求进行了计算。

5.4 节对中原经济区的 2000~2011 年的生态需求进行了计算。

5.5 节对中原经济区的生态需求和生态供给进行了对比分析。

5.6 节进一步对中原经济区中六种土地类型的生态足迹和生态承载力进行了对比分析。另外，计算了和生态足迹及生态承载力相关的一些指标，如生态足迹变化率、生态承载力变化率、剪刀差及生态承压度，通过这些数据来反映生态足迹及生态承载力的动态变化情况，根据生态承压度来反映区域的可持续发展状况，最后本节对中原经济区未来 8 年的人均生态足迹、生态承载力、生态盈亏及变化速率等取值进行了预测分析。

5.7 节结合前面的分析给出了促进中原经济区健康、协调发展的政策建议。

第6章 基于主成分分析法和状态空间法下的实证分析

6.1 基于主成分分析法下中原经济区生态承载力状况分析

6.1.1 主成分介绍

6.1.1.1 主成分概念

主成分分析也称为主分量分析，由 Karl Pearson 在 1901 年引进，1933 年 Hotelling 对此进行了发展。

在实际问题研究中经常会遇到多指标的问题，并且多数情况下，这些指标之间存在一定的相关性，对此类问题直接进行分析不仅复杂，而且变量间难以取舍，经常会由于变量间的多元共线性而使得无法得出正确结论。因此希望寻找一个或少数几个综合指标，使得这一个或少数几个综合指标能较全面地反映原来多项指标的信息，同时这些指标之间互不相关。基于此，Karl Pearson 在 1901 年引进了主成分分析。主成分分析的主要目的就是通过线性变换，将原来的多个指标组合成相互独立的少数几个能充分反映总体信息的指标，在不丢掉主要信息的前提下避开了变量之间的共线性问题。它的目的是提取信息，对样本量没有太严格的要求。

6.1.1.2 主成分的基本思想

从数学的角度来看,主成分分析的基础思想就是将数据原来的 p 个指标作线性组合,作为新的综合指标(F_1,F_2,…,F_p)。但是这种线性组合如果不加以限制,可以有很多,实际中应该怎么去选择呢?如果将选择的第一个线性组合记为 F_1,自然希望 F_1 能尽可能多地反映原来指标中所包含的信息,怎么去反映指标中所包含的信息多少呢?一种有效的方法就是用 F_1 的方差去解释。$Var(F_1)$ 越大,表示 F_1 所包含的信息越多。因此在所有的线性组合中所选择的 F_1 应该是方差最大的一个线性组合,并且把 F_1 称为第一主成分;如果第一主成分不足以代表原来 P 个指标的信息,再考虑 F_2,即选第二个线性组合,并且在 F_1 中有的信息不能再出现在 F_2 中。换句话说,就是 $Cov(F_1,F_2)=0$,称 F_2 为第二主成分,以此类推可以构造第三主成分、第四主成分等,这些主成分不仅不相关,而且其方差依次递减。在实际应用中一般只选取前几个最大的主成分(总贡献率达到85%),虽然会损失一部分信息,但是由于抓住了主要矛盾,因此得益比损失大,这种既减少了变量的个数又能反映出问题的主要矛盾的方法为我们处理实际问题提供了很大的方便。

6.1.1.3 主成分的数学模型

设对某事物的研究需要涉及 P 个变量,分别用 $X_1,X_2,\cdots,X_p$ 表示,这 p 个变量所构成的 p 维随机向量用 $X=(X_1,X_2,\cdots,X_p)'$,设随机向量的均值为 μ,协方差矩阵为 Σ。

对 X 进行线性变换,得到新的变量,用 F 表示为:

$$\begin{cases} F_1 = \mu_{11}X_1 + \mu_{21}X_2 + \cdots + \mu_{p1}X \\ F_2 = \mu_{12}X_1 + \mu_{22}X_2 + \cdots + \mu_{p2}X \\ \cdots \\ F_p = \mu_{1p}X_1 + \mu_{2p}X_2 + \cdots + \mu_{pp}X \end{cases} \quad (6.1-1)$$

由于可以任意地对原始指标进行线性变换,并且由不同的线性变换得到的变量 F 的性质也是不相同的,因此为了保证经过线性变换以后所得到的变量能够包含原始变量的绝大多数的信息,我们希望 $F_i = \mu_{1i}X_1 + \cdots + \mu_{pi}X_p = U'_i X$ 的方差尽可能的大且各个 F_i 之间是相互独立的，而 $\text{Var}(F_i) = \text{Var}(U'_i X) = U'_i \sum U_i$ 对于任意给定的常数 c，有 $\text{Var}(cU'_i X) = c^2 U'_i \sum U_i$。

如果不对 U_i 加以限制，$\text{Var}(F_i)$ 可任意大，问题就失去了意义，因此对线性变换进行以下约束：

(1) $U'_i U_i = 1$，即 $u_{1i}^2 + \cdots + u_{pi}^2 = 1$，$(i = 1,2,\cdots,p)$；

(2) F_i 和 F_j 无关 $(i \neq j; i,j = 1,2,\cdots,p)$；

(3) F_i 是 $X_1, X_2, \cdots, X_p$ 的一切满足原则 1 的线性组合方差最大者；F_2 是与 F_1 不相关的 $X_1, X_2, \cdots, X_p$ 所有线性组合中方差最大者；F_p 是与 $X_1, X_2, \cdots, X_{p-1}$ 的一切线性组合中方差最大者。

6.1.1.4 主成分的几何意义

从代数学的角度来看，主成分分析就是 p 个变量 $X_1, X_2, \cdots, X_p$ 的一些特殊的线性组合，而在几何上这些线性组合是把 $X_1, X_2, \cdots, X_p$ 构成的坐标系旋转成了新的坐标系。这里不妨以二维空间为例来讨论主成分的几何意义，对于多维的情形可以类似的推广。

设有 n 个样品，每个样品有两个观测变量 X_1, X_2，且 $X = (X_1, X_2)' \sim N(\mu, \sum)$，它们大致分布在一个椭圆内，这 n 个样本点，无论沿着 X_1 轴方向还是 X_2 轴方向，都有较大的离散性，其离散程度可以用 X_1 或 X_2 的方差表示。当只考虑 X_1 或 X_2 中的其中一个时，原始数据中的信息将会有较大的损失。我们的目的是考虑 X_1 和 X_2 的线性组合，使原始数据可以由新的变量 F_1 和 F_2 进行刻画。从图形上来看，进行线性变换就是将原坐标轴按逆时针方向旋转某个角度，使其椭圆长轴方向为 F_1，短轴方向为 F_2，这样就可以得到一个新的坐标轴。

坐标旋转公式为：
$$F_1 = X_1\cos\theta + X_2\sin\theta \quad F_1 = X_1\sin\theta + X_2\cos\theta \qquad (6.1-2)$$

用矩阵的形式来表示就是：
$$\begin{pmatrix} F_1 \\ F_2 \end{pmatrix} = \begin{pmatrix} \cos\theta & \sin\theta \\ -\sin\theta & \cos\theta \end{pmatrix} \begin{pmatrix} X_1 \\ X_2 \end{pmatrix} = UX \qquad (6.1-3)$$

式（6.1-3）中，U 为旋转变换矩阵，由上式可知它是正交矩阵，即满足

$U/U = I, U' = U^{-1}$

经过旋转后 n 个样品在 F_1 轴的离散程度最大（方差最大），变量 F_1 代表了原始数据的绝大部分信息；而在 F_2 轴上的离散程度较少，变量 F_2 包含的原始数据的信息较少，因此在分析实际问题中，即使不考虑 F_2，信息损失也不多。

对于多维的情形我们可以类似地进行推广，通过前面的分析可看出，主成分分析就是坐标轴旋转的一个过程，各主成分表达式就是新坐标系与原来坐标系之间的一种变换关系。或者说主成分分析是一种进行信息压缩的方法。通过这种方法，可以将原来相关的若干变量，变换成不相关的变量。

6.1.1.5 求主成分方法步骤

假设有 n 个样品，每个样品有 P 个指标，则主成分分析法的步骤如下：

（1）对样本数据进行标准化处理。

假设原始资料矩阵如下所示：

$$y = \begin{pmatrix} y_{11} & y_{12} & \cdots & y_{1p} \\ y_{21} & y_{22} & \cdots & y_{2p} \\ \cdots & \cdots & \ddots & \cdots \\ y_{n1} & y_{n2} & \cdots & y_{np} \end{pmatrix} \qquad (6.1-4)$$

在实际中，对于度量单位不同的指标或者说度量单位虽然相同，但是其取值范围彼此相差比较大，此时我们不能直接由协方差出发进行主成分分析，而应该将原始数据标准化。标准化处理的方法就是减去均值除以标准差。但是有一点需要注意的是，对原始数据进行标准化处理后倾向于各个指标的作用在主成分的构成中作用趋于一致，因为对原始数据标准化的过程实际上就是抹杀原始变量离散程度差异的过程，因此，如果是对同度量或是取值范围在同量级的数据，一般还是从协方差矩阵求解主成分较好。下面对原始数据标准化处理的方法进行解释。

对原始数据矩阵 Y 进行标准化处理，也就是对每一个指标分量进行标准化变换，变换公式为：

$$X_{ij} = \frac{Y_{ij} - \overline{Y}_j}{S_j}, \begin{pmatrix} i = 1, 2, \cdots, n \\ j = 1, 2, \cdots, p \end{pmatrix} \qquad (6.1-5)$$

第6章 基于主成分分析法和状态空间法下的实证分析

其中,样本均值 $\bar{Y}_i = \frac{1}{n}\sum_{i=1}^{n} Y_{ki}$ (6.1-6)

样本标准差 $S_i = \sqrt{\frac{1}{n-1}\sum_{k=1}^{n}(Y_{ki}-\bar{Y}_i)^2}$ (6.1-7)

进行标准化处理后的数据矩阵为:

$$X = \begin{pmatrix} x_{11} & x_{12} & \cdots & x_{1p} \\ x_{21} & x_{22} & \cdots & x_{2p} \\ \cdots & \cdots & \ddots & \cdots \\ x_{n1} & x_{n2} & \cdots & x_{np} \end{pmatrix} \quad (6.1-8)$$

(2) 计算相关矩阵。

应该先明确,主成分分析适合于变量之间具有较强相关性的数据,如果原始数据相关性较弱,运用主成分分析不能起到很好的降维作用,即所得到的各个主成分浓缩原始变量信息的能力差别不大,一般认为,当原始数据大部分变量的相关系数都小于0.3时,运用主成分分析不会取得较好的效果。为了判断各变量之间的相关性强弱,需要先计算相关系数。

下面对于给定的 n 个样本,求样本之间的相关系数矩阵。相关系数矩阵中的每一个元素都是由相应的相关系数来表示的。

$$R = XX' = \begin{pmatrix} 1 & r_{12} & \cdots & r_{1p} \\ r_{21} & 1 & \cdots & r_{2p} \\ \cdots & \cdots & \ddots & \cdots \\ r_{p1} & r_{p2} & \cdots & 1 \end{pmatrix} \quad (6.1-9)$$

其中, $r_{ij} = \frac{1}{n-1}\sum_{k=1}^{n} X_{ki}X_{kj}$

(3) 求特征值和特征向量。

根据所求得的相关矩阵 R ,求解下面的特征方程:

$|R - \lambda_i| = 0$ (6.1-10)

通过求解特征方程,可得到 m 个特征值 λ_i, $i = 1,2,\cdots,m$,和对应于每一个特征值的特征向量: $\alpha_i = (a_{i1},a_{i2},\cdots,a_{in})$,且有 $\lambda_1 \geq \lambda_2 \geq \cdots \geq \lambda_m$ 。

设和 λ_i 对应的特征向量为 $\alpha_i = (a_{i1},a_{i2},\cdots,a_{in})$, $i = 1,2,\cdots,m$ 。

(4) 求主成分（取线性组合）。

根据求得的 m 个特征向量，可得出 m 个主要成分分别为：

$$F_1 = a_{11}X_1 + a_{12}X_2 + \cdots + a_{1p}X_p$$
$$F_2 = a_{21}X_1 + a_{22}X_2 + \cdots + a_{2p}X_p$$
$$\cdots$$
$$F_m = a_{m1}X_1 + a_{m2}X_2 + \cdots + a_{mp}X_p$$

上式就是主成分分析的模型，一般表达式为：

$$F_i = a_{i1}X_1 + a_{i2}X_2 + \cdots + a_{ip}X_p \quad (i = 1, 2, \cdots, m) \tag{6.1-11}$$

F_i 称为第 i 个主成分。

根据上述步骤可看出求各主成分的关键就是求特征根 λ 及其相应的特征向量 α。主成分分析以较少的 m 个指标代替了原来的 P 个指标对系统进行分析，这给我们对系统的综合评价带来了很大的方便。

(5) 根据贡献率判断主成分所包含的原始资料的信息。

定义 $\dfrac{\lambda_i}{\sum\limits_{i=1}^{p} \lambda_i}$ 为第 i 主成分的贡献率。这个值越大，表明第 i 主成分综合信息的能力越强。称 $\dfrac{\sum\limits_{i=1}^{m} \lambda_i}{\sum\limits_{i=1}^{p} \lambda_i}$ 为前 m 个主成分的累计贡献率。表明前几个主成分所包含的全部测量指标所具有信息的百分比。

进行主成分分析时保留多少个主成分取决于保留部分的累积方差在方差总和中所占的百分比或者说是累计贡献率，它标志着前几个主成分概括信息的多少。实际应用中，粗略规定一个百分比便可决定保留几个主成分；如果多留一个主成分，累积方差增加无几，可以不再多留。

一般情况下，若 m 个主成分的累计贡献率超过 85%，那认为前 m 个主成分基本包含了原来指标信息。换句话说，就是选取累积贡献率达到 85% 以上时的因子个数。

6.1.2 中原经济区人均生态足迹与经济指标的相关分析

近年来，构成中原经济区的这些地区，经济发展迅速，城市化率逐年提高，居民消费结构明显改变，对各生物产品的需求量明显增加。然而，实证分析结果表明中原经济区的生态承载力供给是有限的，且中原经济区的生态足迹明显高于生态承载力的供给。因此，很难支撑社会经济的可持续发展，我们需要寻求有效的社会经济发展模式来缓解生态需求和生态供给的矛盾，以促进整个社会经济与生态环境的协调发展。

鉴于此，这里我们参考了相关资料，根据数据的可获得性和定量化的难易程度，并结合中原经济区的实际发展状况，选择以下 8 项经济指标：x_1 人均 GDP（元）、x_2 城市化率（%）、x_3 恩格尔系数（%）、x_4 第三产业占 GDP 的比重（%）、x_5 居民消费水平（元/人）、x_6 人均固定资产投资（元）、x_7 农业机械总动力（亿千瓦）、x_8 人均耕地面积（公顷）。将这 8 个自变量与中原经济区人均生态足迹进行相关分析和主成分分析，以寻求影响人均生态足迹的主要驱动因子，为政府部门制定合理决策提供依据。

6.1.2.1 相关性分析

利用 SPSS 软件对中原经济区 2000~2011 年各项经济指标与人均生态足迹进行相关性分析，各相关系数如表 5-1 所示。结果显示，人均生态足迹与 x_1 人均 GDP（元）、x_2 城市化率（%）、x_5 居民消费水平（元）、x_6 人均固定资产投资（元）、x_7 农业机械总动力（亿千瓦）呈正相关，与 x_3 恩格尔系数（%）、x_4 第三产业比重（%）、x_8 人均耕地面积呈负相关。其中，与人均 GDP、城市化率、居民消费水平的相关系数最大，分别为 0.965、0.959、0.962。由此说明，人均 GDP 的快速增长需要消耗大量的自然资源，同时提高了居民的消费水平，相应的生态承压度就会增大，验证了随着年份的增长，中原经济区的生态承压度越来越大，预测 2019 年中原经济区的生态承压度达到 23.102。

表6-1　人均生态足迹与其影响因子的相关系数

变量	x_1	x_2	x_3	x_4	x_5	x_6	x_7	x_8
相关系数	0.965	0.959	-0.726	-0.831	0.962	0.945	0.237	-0.434

6.1.2.2 主成分分析

主成分分析的核心是用较少的互相独立的因子反映原有变量的绝大部分信息。进行主成分分析可以抓住主要矛盾，更有利于问题的分析和处理。

利用SPSS19.0进行了主成分分析，从相关系数矩阵来看，这些变量中多数变量间存在显著相关关系，并且KMO值为0.70，大于0.6，进一步证明了相关系数矩阵与单位矩阵有显著差异。所以，能够从中提取公因子，适合进行主成分分析。

由于解释变量的计量单位不同，所以需要对数据进行标准化处理，对处理后的数据进行主成分分析。

通过尝试，最终选取三个主成分，从表6-2可以看到，这三个主成分共解释了原有变量总方差的95.872%。总体上，原有变量的信息丢失较少。主成分分析效果较理想。

表6-2　主成分特征值和贡献率

成分	特征值	方差贡献率（%）	累积贡献率（%）
1	5.842	73.02	73.02
2	1.325	16.567	89.587
3	0.503	6.285	95.872
4	0.193	2.417	98.29
5	0.096	1.206	99.495
6	0.033	0.418	99.914
7	0.006	0.078	99.992
8	0.001	0.008	100

第6章 基于主成分分析法和状态空间法下的实证分析

根据主成分分析载荷矩阵（见表6-3）得知，第一主成分与人均GDP（x_1）、人均固定资产投资（x_6）、城镇化水平（x_2）呈现出高度相关，这些指标基本上反映了社会经济的发展；第二主成分与恩格尔系数（x_3）、居民消费水平（x_5）呈较强的相关性，这两个指标基本反映了人们的消费水平；第三主成分与农业机械总动力（x_7）、人均耕地面积（x_8）呈现出较高相关关系，这两个指标基本反映了农业发展情况。因此，通过主成分分析我们可以把影响人均生态足迹的因素概括为经济发展水平、消费水平和农业发展水平三个因子。

表6-3 旋转后的主成分因子载荷矩阵

变量	第一主成分	第二主成分	第三主成分
居民消费水平	0.941	0.313	-0.028
农业机械总动力	-0.068	0.019	0.98
人均固定资产投资额	0.945	0.294	-0.05
城镇化水平	0.916	0.346	-0.065
人均GDP	0.939	0.321	-0.003
第三产业比重	-0.739	-0.426	-0.351
人均耕地面积	0.796	0.117	0.55
恩格尔系数	-0.432	-0.895	-0.044

6.1.2.3 多元线性回归分析

多元线性回归分析要求自变量之间是相互独立的，但是根据前面的讨论我们知道影响人均生态足迹的八个变量之间存在着不同程度的相关性，因此我们不能直接以人均生态足迹为因变量，这八个变量为自变量进行回归分析（解释变量之间存在多重共线性）。这时一个比较好的方法就是借助于主成分分析来求回归系数。也就是说，先用主成分计算出主成分表达式和主成分得分变量，因为主成分之间是相互独立的，因此可以将因变量和主成分变量进行回归，然后将主成分的表达式代回回归模型中，既可以得到标准化自变量和因变量的回归模型，最后将标准化自变量转化为原始变量即可。其步骤为：

第一步：用主成分分析法求自变量的主成分和主成分得分；

第二步：用回归分析法将因变量对主成分得分变量进行回归，得到因变量关于主成分得分变量的回归模型；

第三步：将主成分的表达式代入回归模型，得到标准化自变量与因变量的回归模型；

第四步：将标准化自变量还原回原始变量即可得到原始自变量与因变量的回归模型。

具体就是：

(1) 根据主成分法求自变量的主成分：

三个主成分分别用 F_1,F_2,F_3 来表示，则根据旋转后的主成分因子载荷矩阵，可得：

$$F_1 = 0.941X_1^* - 0.068X_2^* + 0.945X_3^* + 0.916X_4^* + 0.936X_5^* - 0.739X_6^* + 0.796X_7^* - 0.432X_8^* \tag{6.1-12}$$

$$F_2 = 0.313X_1^* + 0.019X_2^* + 0.294X_3^* + 0.346X_4^* + 0.321X_5^* - 0.426X_6^* + 0.117X_7^* - 0.895X_8^* \tag{6.1-13}$$

$$F_3 = -0.028X_1^* + 0.98X_2^* - 0.05X_3^* - 0.065X_4^* - 0.003X_5^* - 0.351X_6^* + 0.55X_7^* - 0.044X_8^* \tag{6.1-14}$$

(2) 下面以三个主成分变量为自变量、人均生态足迹为因变量进行回归，回归模型为：

$$\hat{Y} = 68.362 + 12.298F_1 + 2.657F_2 + 9.538F_3 \tag{6.1-15}$$

在 0.05 的显著性水平下，F_1,F_2,F_3 的回归系数通过了显著性检验。

(3) 把主成分表达式代入到该回归模型。

(4) 最后得出人均生态足迹对原始解释变量的线性回归模型：

$$\hat{Y} = 1.02 + 0.159X_1 + 2.596X_2 - 0.981X_3 - 8.38X_4 + 6.357 \times 10^{-5}X_5 + 2.017 \times 10^{-5}X_6 - 3.317 \times 10^{-9}X_7 + 45.07X_8 \tag{6.1-16}$$

(5) 在 0.05 的显著性水平下，回归系数通过了显著性检验，该模型的拟合效果很好（调整后的可决系数为 0.925）。从该回归模型可以看出，人均 GDP、居民消费水平等因素对人均生态足迹的影响较大。这充分说明了随着经济的快速发展，城市化进程的加快，消费水平的不断提高，造成了人们对生态环境的过度依赖，而人均生态足迹也同步增长，大于生态环境的承载力。所以一个区域所具有的经济和社会发展潜力、自组织功能被削弱，势必会影响到该区域的可持续发展状态。

综上所述，社会经济强烈驱动着人均生态足迹的变化。特别是人均GDP、城市化率、居民消费水平、人均耕地面积等与人均生态足迹有较强的相关性，表明中原经济区的经济快速发展是人均生态足迹变化的主要驱动因素。随着该区域经济的持续增长，居民生活水平的不断提高，消费需求远远大于供给，从而使各种资源消耗量急增；又由于区域资源有限，生态平衡被打破在所难免，最终使生态供给与生态需求的比例失调，生态压力增大。某种程度上说，实现区域发展与生态环境"双赢"的关键，就是处理好区域生态足迹与生态承载力的关系，达到两者的动态平衡。而对于经济发展模式的转变，又是另一个值得深究的问题。

6.2 基于状态空间法下河南省生态承载力的实证分析

本节拟采用毛汉英2001年所提出的状态空间法对河南省2013年的环境承载力进行评价分析。

6.2.1 状态空间法的介绍

状态空间法是欧式几何空间用于定量描述系统状态的一种方法，是一种应用比较广泛的系统模拟分析方法，除了可以对单变量、线性、连续的系统进行分析研究之外，更适合于对多变量、非线性、时变、离散的系统进行分析研究。一般情况下由表示系统各要素状态向量的三维状态空间轴组成，每一点都代表了某一时刻资源环境与人类经济活动状况的空间组合，利用状态空间法中的每一个承载状况点可以表示一定时间内城市生态系统的不同承载状况。状态空间法可作为生态承载力的一种测度方法对区域的承载状况进行分析。

关于状态空间法的详细介绍可参阅 4.1 节。

利用状态空间法进行区域生态承载力分析的步骤如下：

（1）首先选取 n 个能反映区域生态承载力状况的指标项，结合实际情况确定其在某一特定时间段内，遵循可持续发展前提下的至少（对效益型指标）或至多（成本型指标）应取得值，此值称为时段理想值，用 RCC_i 表示，$i = 1, 2, \cdots, n$；RCC_i 表示研究区域在可持续发展状况下的生态承载力值。

（2）结合研究区域的具体情况，对 n 项指标按照其重要性进行排序，并计算出各指标的权重，用 w_i 表示，这里，$i = 1, 2, \cdots, n$。

（3）给出这 n 个指标的现值 RCS_i，$i = 1, 2, \cdots, n$。

（4）构造向量：(RCS_i^*)：$RCS_i^* = RCS_i(opr)RCC_i$。 (6.2-1)

式（6.2-1）中，(opr) 表示某种运算符、运算方法或过程，其作用在于使 RCS_i^* 的值在取 >1、=1、<1 之中的某种情况时，向量 (RCS_i^*) 的每一个元素可以表示相对于可持续发展的理想生态承载力值，该指标项代表的是生态系统某一方面所处的状态，即 $RCS_i^* > 1$、=1、<1 时分别代表区域在该指标所表示的状态上是超载、满载和可载。

（5）计算 n 维状态空间中点 (RCS_i^*) 到坐标原点的加权距离（M）：

$$M = \sqrt{\sum_{i=1}^{n}(w_i \times RCS_i^*)^2} \qquad (6.2-2)$$

M 值的大小表示了现状区域的发展状况，经过第（4）步的转换，代表区域理想状态下的状态向量 RCC_i 已为单位向量。通过加权处理后，该单位向量的模为：

$$RCC = \sqrt{\sum_{i=1}^{n}(w_i \cdot RCC_i^*)^2} = \sqrt{\sum_{i=1}^{n}w_i^2} \qquad (6.2-3)$$

根据 M 和 RCC 值的比较，最后对区域的生态承载状况进行评价。

6.2.2 指标体系的构建

6.2.2.1 指标体系选择原则

环境承载力作为衡量一个区域可持续发展能力强弱的指标，在促进人类和自然和谐发展过程中起着非常重要的作用。环境承载力是一个综合性概念，对环境承载力的量化研究需要用一套合理的评价指标体系。指标体系中的评价指标在选择的过程中应该遵循以下原则：

（1）科学性原则。评价指标选择是否科学直接关系到计算结果的正确性，从而也会影响到环境承载力的评价。只有选择科学、合理的指标才能准确、全面地反映环境承载力的承载状况。

（2）全面性原则。环境承载力作为一个有机的整体，必须全面地反映出研究区域的环境承载状况。但这并不表示指标体系中的指标越多越好，并且我们也不能保证所选取的评价汉字表达到绝对的完整，只要能保证相对全面。换句话说，只要保证反映环境承载力的一些主要指标能包含在指标体系中，就可以说此指标体系满足全面性原则。

（3）针对性原则。选择的指标应该能针对河南省生态环境的特点，真实地反映出人们对区域环境承载力的评价。在承载力的相关研究中，单因素承载力的类型较多，如经济承载力、土地资源承载力、水资源承载力、环境承载力等，每一种承载力的评级指标都是不一样的，在研究环境承载力时，我们应针对所研究的问题，选择出能真实反映环境承载状况的一些指标。

（4）代表性原则。代表性原则指的是在指标数量有限的条件下，必须保证所选取的指标是反映环境承载力的最主要的和最关键的指标，要求能从各个方面最大限度地反映环境承载力的状况。

（5）区域差异性原则。选择的指标应该能体现区域之间的差异性。不同的区域，具有不同的区域特征是，因而环境承载力之间也存在一定的差异性，所以在构建指标体系时应充分考虑地区经济、社会、环境方面的特点，选择出最能反映地区特征的评价指标。

（6）可操作性原则。指标数据的可获得性以及指标量化的难易程度是构建指标体系过程中要处理的一个非常关键的问题。指标体系中的指标数据必须是可度量，而且能够获得实际数据。有些指标，虽然在理论上可行，但缺乏现实数据，或者虽然能获得数据，但数据可信度比较低。在选择指标时，应避免这样的指标出现。

（7）可比性原则。从时间上来讲，要求指标具有历史可比性；从空间角度上来讲,应具有区域可比性。

6.2.2.2 指标体系的构建方法

目前,常用的评价指标体系的筛选方法主要有三种:专家咨询法、理论分析法和频度统计法。其中,专家咨询法是通过咨询有关专家的意见,对已有的评价指标体系进行进一步的调整和修正;理论分析法主要是对生态环境承载力的定义、特点、基本要素等主要问题进行比较、分析,选择针对性强、相对重要的指标;频度统计法主要是通过频度统计选取环境承载力评价分析中使用频率较高的指标。

6.2.2.3 指标的选取

在遵循以上原则的基础上,结合河南省的实际情况,从经济环境、社会环境、资源环境三个方面构建评价指标体系(见表6-4)。

表6-4 指标体系表

Ⅰ级	Ⅱ级	Ⅲ级	计量单位
压力类指标	经济增长要素	i01:GDP年增长率	%
		i02:万元工业产值废水排放量	吨/万元
		i03:万元工业产值废气排放量	万立方米/万元
		i04:万元工业产值固废产生量	吨/万元
		i05:化学需氧量排放强度	千克/万元
		i06:二氧化硫排放强度	吨/万元
		i07:万元GDP能耗	吨标煤/万元
		i08:单位工业增加值新鲜水耗	立方米/万元
		i09:万元GDP全社会货物周转量	吨公里/万元
		i10:万元GDP全社会旅客周转量	人公里/万元
	人口要素	i11:人口密度	人/平方公里
		i12:人口自然增长率	‰
		i13:城市化水平	%

续表

Ⅰ级	Ⅱ级	Ⅲ级	计量单位
承压类指标	资源环境要素	i14：人均水资源量	立方米/人
		i15：人均耕地面积	亩/人
		i16：城镇人均公共绿地面积	平方米/人
		i17：环境保护投资占GDP的比重	%
		i18：城市污水集中处理率	%
		i19：城镇生活垃圾无害化处理率	%
		i20：工业固体废物处置利用率	%
		i21：森林覆盖率	%
		i22：受保护地区占国土面积比例	%
		i23：人均粮食产量	千克/人
	潜力要素	i24：农民年人均纯收入	元/人
		i25：城镇居民年可支配收入	元/人
		i26：人均GDP	万元/人
		i27：第三产业占GDP比例	%
		i28：人均实际利用外资	美元/人
		i29：高新技术产业产值占工业产值的比重	%
		i30：每万名从业人员中R&D人员	人/万人
		i31：每万人拥有医生数	人/万人
		i32：高速公路密度	公里/百平方公里

（1）经济增长要素指标。经济增长的快慢对资源环境的规划和配置，资源消耗和使用起着决定性的作用。经济的快速增长，社会的全面进步与发展，都应建立在特定的资源与环境基础之上，只有在资源、环境承载力范围内的增长才能实现持续发展。经济增长要素指标中GDP的增长率、万元GDP能耗，万元GDP的废水排放量等都对经济环境承载状况起着较为重要的作用。

（2）人口要素指标。人口的增长、城市化进程及人们对生活质量和基础设施要求的提高都会对区域生态环境承载力带来直接影响。人口要素指标主要包括人口密度、人口自然增长率、城市化水平。

（3）潜力增长要素指标。经济的发展、产业结构的调整、技术的不断改进也会对生态环境的承载力产生潜在的影响。潜力增长要素包括第三产业占

GDP 的比重，人均 GDP，每万名从业人员中 R&D 人员数等都对区域的生态环境有一定的影响。

（4）资源环境指标。河南省地处我国东西南北过渡带，地貌类型复杂，气候变化多样，旱涝灾害频繁，自然生态环境脆弱，土地资源利用不合理，水土流失问题未得到根本性解决，水生态环境问题比较突出，森林生态功能较弱，天然湿地萎缩，生物多样性降低，矿产资源开发所造成的生态环境的破坏尚未得到有效控制，农村环境问题更为突出。资源环境指标主要选择有人均水资源量、人均耕地面积、万人公共绿地面积、万人年产矿量、工业废水排放达标率、工业固体废物综合治理利用率等。

在上述指标初步选定的情况下，下面从四个层次构建河南省生态承载力的评价指标体系。其中，总目标层为生态环境承载力；准则层为"经济增长要素"、"人口要素"、"潜力环境要素"、"资源环境"；指标层由 32 个可量化的具体指标所组成。

6.2.2.4　环境承载力理想值以及指标权重的确定

（1）理想值的确定。确定河南省环境承载力的理想状态值，即是确定指标体系中各指标的阈值，阈值的大小会直接影响到最后的评价结果。倪晓东在对淮南市的城市生态承载力进行研究的时候指出，在确定各个指标的理想状态值时应考虑以下两方面的因素：首先必须从使得区域的发展是向良性循环发展的角度出发，走可持续发展的道路；其次要从政策的角度考虑，如政府制定的一个地区在未来一段时间内的经济目标和环境目标。

在实际操作过程中，一般是通过调查问卷的方法征集当地专家、学者或者政府决策者的意见，经过整理后转换成相应的数据；或者采用国际上或国内标准的或者是大家普遍认可的目标值来确定研究区域的环境承载力理想状态；当然也可以利用和研究区域条件类似，但是更接近于可持续发展状态的区域作为参照区，以参照区的各项指标作为研究区域的各项阈值。

这里我们在遵循以上原则的基础上，结合各类指标的国家标准以及河南省的具体情况，确定了河南省各项指标的理想值，如表 6-5 所示。

第6章 基于主成分分析法和状态空间法下的实证分析

表6-5 河南省各项指标的理想值

指标代码	理想值	指标代码	理想值	指标代码	理想值
i_1	7	i_{12}	5	i_{23}	625.3
i_2	1.54	i_{13}	56.73	i_{24}	9462
i_3	0.2	i_{14}	528.8	i_{25}	21766
i_4	0.06	i_{15}	0.963	i_{26}	4.98
i_5	2.3	i_{16}	19.83	i_{27}	37.6
i_6	3.18	i_{17}	3.53	i_{28}	560.2
i_7	0.675	i_{18}	87.5	i_{29}	37.9
i_8	12.71	i_{19}	96.82	i_{30}	245.5
i_9	824.9	i_{20}	99.89	i_{31}	17.2
i_{10}	205.6	i_{21}	18.31	i_{32}	4.04
i_{11}	696	i_{22}	20.2		

（2）指标权重的确定。由于各个指标对环境承载力的影响不可能完全一致，因此需要对各个指标进行权重分析。指标权重的确定是环境承载力计算中一个非常关键的问题。在多指标的综合评价中，确定指数权重的方法有主观赋权法和客观赋权法。比如以往学者在确定环境承载力评级指标的权重时所使用的打分法或层次分析法均属于主观赋权法。客观赋权法有阈值法、主成分分析法、因子分析法、复相关系数法。这里我们采用层次（AHP）法确定各个指标的权重。

AHP法是美国运筹学家Saaty于20世纪70年代提出的一种多目标、多准则的决策分析法，适用于结构比较复杂，目标较多且不宜量化的决策问题。AHP法要求按层次结构自上而下逐层建立判断矩阵。比如，对"经济增长要素"及其隶属的10项指标可以进行重要性的两两比较，所得到的判断矩阵如表6-6所示。

表6-6 判断矩阵

C	i01	i02	i03	i04	i05	i06	i07	i08	i09	i10
i01	1	1/7	1/7	1/5	1/9	1/9	1/4	1/4	1/2	1/2

续表

C	i01	i02	i03	i04	i05	i06	i07	i08	i09	i10
i02	7	1	1	3	1/3	1/3	2	2	4	4
i03	7	1	1	3	1/2	1/2	4	4	5	5
i04	5	1/3	1/3	1	1/3	1/3	3	2	4	4
i05	9	3	2	3	1	1	3	3	5	5
i06	9	3	2	3	1	1	3	3	5	5
i07	4	1/2	1/4	1/3	1/3	1/3	1	1	3	3
i08	4	1/2	1/4	1/2	1/3	1/3	1	1	3	3
i09	2	1/4	1/5	1/4	1/5	1/5	1/3	1/3	1	1
i10	2	1/4	1/5	1/4	1/5	1/5	1/3	1/3	1	1

根据矩阵理论，上述判断矩阵的最大非零特征根所对应的特征向量即每个指标的权重，采用方根法可计算矩阵特征向量的值。其他要素对应指标的权重也可以采用类似的方法确定。全部层级的权重系数确定后，各项指标相对于总目标的权重可逐层传递得出，计算结果见表6-7。

表6-7 各个指标的权重表

指标代码	权重	指标代码	权重	指标代码	权重	指标代码	权重
i_1	0.049	i_9	0.035	i_{17}	0.026	i_{25}	0.026
i_2	0.031	i_{10}	0.027	i_{18}	0.029	i_{26}	0.030
i_3	0.029	i_{11}	0.034	i_{19}	0.028	i_{27}	0.034
i_4	0.034	i_{12}	0.021	i_{20}	0.028	i_{28}	0.028
i_5	0.033	i_{13}	0.033	i_{21}	0.031	i_{29}	0.033
i_6	0.034	i_{14}	0.037	i_{22}	0.028	i_{30}	0.037
i_7	0.041	i_{15}	0.037	i_{23}	0.029	i_{31}	0.030
i_8	0.032	i_{16}	0.045	i_{24}	0.028	i_{32}	0.031

6.2.2.5 环境承载力的计算

（1）数据整理。通过查阅《河南省统计年鉴》，收集相关数据，对河南省环境承载力指标体系中的32个指标的统计数据整理成表6-8所示。对于无法获得的原始数据,就用软件SPSS来进行曲线估计,运用模型进行预测补足缺少的数据。

河南省环境承载力评价指标体系中各指标理想值,现状值及权重如表6-8所示。

表6-8 各指标理想值、现值及权重

Ⅰ级	Ⅱ级	Ⅲ级	计量单位	理想值	现状值	权重
压力类指标	经济增长要素	i01：GDP年增长率	%	7	13.5	0.049
		i02：万元工业产值废水排放量	吨/万元	2.01	1.54	0.031
		i03：万元工业产值废气排放量	万立方米/万元	0.27	0.2	0.029
		i04：万元工业产值固废产生量	吨/万元	0.07	0.06	0.034
		i05：化学需氧量排放强度	千克/万元	4	2.3	0.033
		i06：二氧化硫排放强度	(GDP)	5	3.18	0.034
		i07：万元GDP能耗	吨标煤/万元	0.9	0.675	0.041
		i08：单位工业增加值新鲜水耗	立方米/万元	20	12.71	0.032
		i09：万元GDP全社会货物周转量	吨公里/万元	1180.2	824.9	0.035
		i10：万元GDP全社会旅客周转量	人公里/万元	309.8	205.6	0.027
	人口要素	i11：人口密度	人/平方公里	614	696	0.034
		i12：人口自然增长率	‰	2.28	-1.63	0.021
		i13：城市化水平	%	55	56.73	0.033
承压类指标	资源环境要素	i14：人均水资源量	立方米/人	584.9	528.8	0.037
		i15：人均耕地面积	亩/人	1.073	0.963	0.037
		i16：城镇人均公共绿地面积	平方米/人	11	19.83	0.045
		i17：环境保护投资占GDP的比重	%	3.5	3.53	0.026
		i18：城市污水集中处理率	%	85	87.5	0.029
		i19：城镇生活垃圾无害化处理率	%	90	96.82	0.028
		i20：工业固体废物处置利用率	%	90	99.89	0.028
		i21：森林覆盖率	%	15	18.31	0.031
		i22：受保护地区占国土面积比例	%	17	20.2	0.028
		i23：人均粮食产量	千克/人	493.3	625.3	0.029

续表

Ⅰ级	Ⅱ级	Ⅲ级	计量单位	理想值	现状值	权重
	潜力要素	i24：农民年人均纯收入	元/人	8000	9462	0.028
		i25：城镇居民年可支配收入	元/人	27533	21766	0.026
		i26：人均 GDP	万元/人	5.8	4.98	0.030
		i27：第三产业占 GDP 比例	%	40	37.6	0.034
		i28：人均实际利用外资	美元/人	434.5	560.2	0.028
		i29：高新技术产业产值占工业产值的比重	%	39.6	37.9	0.033
		i30：每万名从业人员中 R&D 人员	人/万人	421.3	245.5	0.037
		i31：每万人拥有医生数	人/万人	19.7	17.2	0.030
		i32：高速公路密度	公里/百平方公里	4.75	4.04	0.031

（2）标准化处理。由于指标体系中中各指标的量纲不同，使得各指标之间没有办法直接进行比较，因此必须进行无量化处理。无量化处理的主要原理是先对各个评价指标确定一个比较标准，然后用各指标的实际值和相应的标准值进行比较，即可将不同性质、不同度量的指标换算成同度量的指标。对指标数据进行无量纲化处理的方法有多种，主要有极差法、极大化法、极小化法、中心化法和平均化法。这里，我们采用的是和理想值相除的方法去除量纲。

实际研究中，常将评价指标分成"增长型"指标和"制约型"指标两大类，对于增长型指标，低于理想值有利，因此采用式（6.2-4）进行规范化处理。

$$y_i = \frac{x_i}{x'_i} \qquad (6.2-4)$$

式（6.2-4）中，y_i 为规范化处理后的数值，x_i 为指标 i 的原始数据，x'_i 为指标 i 的理想值。而对于制约类指标高于理想值有利，因此采用式（6.2-5）进行规范化处理：

第6章 基于主成分分析法和状态空间法下的实证分析

$$y_i = \frac{x'_i}{x_i} \tag{6.2-5}$$

（3）理想承载力的计算。根据前面所介绍的计算方法，可得到河南省在可持续发展状况下的理想环境承载力，根据理想承载力可判断河南省的生态承载力是否超载。

$$RCC = \sqrt{\sum_{i=1}^{n}(w_i \cdot RCC_i^*)^2} = \sqrt{\sum_{i=1}^{n}w_i^2} = 0.184 \tag{6.2-6}$$

（4）生态承载力现值。根据步骤（4）中的计算公式，对增长型指标，用"现状值/理想值"，对制约型指标，用"理想值/现状值"的方法求出向量 RCS_i^*，即为处理后的河南省生态承载力的现状值，如表6-9所示。

表6-9 各指标处理后的现状值

Ⅰ级	Ⅱ级	Ⅲ级	计量单位	理想值 RCC_i	现状值 RCS_i	处理后的现状值 RCS_i^*
压力类指标	经济增长要素	i01：GDP年增长率	%	7	13.5	1.8
		i02：万元工业产值废水排放量	吨/万元	2.01	1.54	0.7
		i03：万元工业产值废气排放量	万立方米/万元	0.27	0.2	0.7
		i04：万元工业产值固废产生量	吨/万元	0.07	0.06	0.9
		i05：化学需氧量排放强度	千克/万元	4	2.3	0.6
		i06：二氧化硫排放强度	（GDP）	5	3.18	0.6
		i07：万元GDP能耗	吨标煤/万元	0.9	0.675	0.8
		i08：单位工业增加值新鲜水耗	立方米/万元	20	12.71	0.6
		i09：万元GDP全社会货物周转量	吨公里/万元	1180.2	824.9	0.7
		i10：万元GDP全社会旅客周转量	人公里/万元	309.8	205.6	0.7
	人口要素	i11：人口密度	人/平方公里	614	696	1.2
		i12：人口自然增长率	‰	2.28	-1.63	0
		i13：城市化水平	%	55	56.73	1.1

续表

Ⅰ级	Ⅱ级	Ⅲ级	计量单位	理想值 RCC_i	现状值 RCS_i	处理后的现状值 RCS_i^*
承压类指标	资源环境要素	i14：人均水资源量	立方米/人	584.9	528.8	1.1
		i15：人均耕地面积	亩/人	1.073	0.963	0.9
		i16：城镇人均公共绿地面积	平方米/人	11	19.83	1.8
		i17：环境保护投资占GDP的比重	%	3.5	3.53	1.0
		i18：城市污水集中处理率	%	85	87.5	1.0
		i19：城镇生活垃圾无害化处理率	%	90	96.82	1.1
		i20：工业固体废物处置利用率	%	90	99.89	1.1
		i21：森林覆盖率	%	15	18.31	1.2
		i22：受保护地区占国土面积比例	%	17	20.2	1.2
		i23：人均粮食产量	千克/人	493.3	625.3	1.3
		i24：农民年人均纯收入	元/人	8000	9462	1.2
		i25：城镇居民年可支配收入	元/人	27533	21766	0.8
		i26：人均GDP	万元/人	5.8	4.98	0.9
		i27：第三产业占GDP比例	%	40	37.6	0.9
		i28：人均实际利用外资	美元/人	434.5	560.2	1.3
		i29：高新技术产业产值占工业产值的比重	%	39.6	37.9	0.9
		i30：每万名从业人员中R&D人员	人/万人	421.3	245.5	0.6
		i31：每万人拥有医生数	人/万人	19.7	17.2	0.9
		i32：高速公路密度	公里/百平方公里	4.75	4.04	0.9

根据步骤（5）计算 n 维状态空间中点（RCS^*）到坐标原点的加权距离 M，即：

$$M = \sqrt{\sum_{i=1}^{n}(w_i \times RCS_i^*)^2} = 0.19975 > RCC \qquad (6.2-7)$$

河南省的生态承载力的理想值为 0.184，承载力现值为 0.19975，几乎和理想值持平，说明从整体上看，河南省环境承载力几乎处于满载状态。

（5）结论分析。根据表6-9可看出，河南省压力型指标的现值RCS_i^*除了GDP、人口密度和城市化水平的取值大于1之外，其余的都小于1。而对于压力型指标来说，评价值越大，则人类活动带给环境的压力就越大，说明河南省的环境压力主要是由于经济的快速增长、人口密度过大以及城市化水平的加快所带来的。另外，根据表6-9可看出，河南省承压类指标的现值基本上都大于1。承压类指标反映了自然本身和人类有意识的活动所共同维持的环境承载力的潜力水平。取值越大，说明环境所能承载的人类活动的极限值就越大；反之，取值越小，则极限值越小，人类活动便越会受到限制。河南省承压类指标的现值基本上都大于1，说明河南省的人类活动目前仍在环境可承受的范围之内。

本章小结

本章分别利用主成分分析法及状态空间法对中原经济区及河南省的承载状况进行了分析。

6.1节首先对主成分分析法进行了简单介绍，然后利用此方法对中原经济区生态承载状况进行了分析。分析结论显示：社会经济强烈驱动着人均生态足迹的变化，特别是人均GDP、城市化率、居民消费水平、人均耕地面积等与人均生态足迹有较强的相关性。

6.2节首先对状态空间法进行了简单介绍，然后利用此方法对河南省的环境承载状况进行了分析。分析结论显示：河南省的环境压力主要是由于经济的快速发展、人口密度过大带来的以及城市化水平的加快带来的；另外，由于河南省承压类指标现值均大于1，说明河南省人类活动目前仍在环境可承受范围之内。

附　表

附表 5-1　中原经济区 2000~2003 年生物资源消费人均生态需求汇总表

单位：公顷/人

品种	人均生态需求			
	2000 年	2001 年	2002 年	2003 年
小麦	0.201446	0.186606	0.187729	0.177658
稻谷	0.015031	0.013006	0.013243	0.011598
蔬菜	0.034792	0.034172	0.036857	0.037556
苹果	0.007799	0.007533	0.00755	0.006785
花生	0.076945	0.076336	0.080956	0.058071
玉米	0.063067	0.055146	0.062978	0.039574
烤烟	0.003443	0.003811	0.003225	0.002668
木材	0.238289	0.203542	0.197637	0.09882
纸与纸板	0.221005	0.24978	0.298197	0.34081
猪肉	0.089690	0.099060	0.103120	0.100552
牛肉	0.123617	0.129402	0.119925	0.126738
羊绒	0.129893	0.166672	0.202921	0.185609
蜂蜜	0.429198	0.342555	0.339450	0.428165
牛奶	0.070681	0.074144	0.074373	0.081744
水产品总量	0.022025	0.022297	0.023389	0.028962

注：数据均根据生态足迹计算公式计算所得。

附表 5-2　中原经济区 2004~2007 年生物资源消费人均生态需求汇总表

单位：公顷/人

品种	人均生态需求			
	2004 年	2005 年	2006 年	2007 年
小麦	0.179833	0.179509	0.188781	0.187186
稻谷	0.013547	0.013874	0.014773	0.014688
蔬菜	0.034852	0.032839	0.032546	0.032017
苹果	0.006769	0.007054	0.007255	0.007623
花生	0.071911	0.082465	0.095368	0.09368
玉米	0.05182	0.050763	0.053758	0.050104
烤烟	0.002891	0.003054	0.002458	0.002531
木材	0.094275	0.091692	0.151755	0.12888
纸与纸板	0.348212	0.425018	0.532405	0.616051
猪肉	0.092447	0.097183	0.084198	0.094944
牛肉	0.137740	0.144557	0.135296	0.123083
羊绒	0.244026	0.171246	0.156949	0.428496
蜂蜜	0.466425	0.349903	0.472782	0.487862
牛奶	0.087479	0.087690	0.089909	0.100021
水产品总量	0.026461	0.029955	0.033116	0.031823

注：数据均根据生态足迹计算公式计算所得。

附表 5-3　中原经济区 2008~2011 年生物资源消费人均生态需求汇总表

单位：公顷/人

品种	人均生态需求			
	2008 年	2009 年	2010 年	2011 年
小麦	0.177283	0.174518	0.176734	0.157386
稻谷	0.014579	0.014401	0.014275	0.013747
蔬菜	0.032572	0.029938	0.029103	0.027633
苹果	0.007341	0.007662	0.007828	0.007847
花生	0.095011	0.09812	0.097625	0.101929
玉米	0.054503	0.056977	0.052944	0.049545
烤烟	0.002741	0.00301	0.002773	0.003295

续表

品种	人均生态需求			
	2008 年	2009 年	2010 年	2011 年
木材	0.133953	0.12202	0.148946	0.200375
纸与纸板	0.628291	0.695236	0.616533	0.734511
猪肉	0.089058	0.095297	0.101800	0.104893
牛肉	0.100652	0.106575	0.114044	0.124762
羊绒	0.201124	0.198534	0.191818	0.196110
蜂蜜	0.772006	0.736430	0.753156	0.731659
牛奶	0.100891	0.104019	0.109350	0.113352
水产品总量	0.034037	0.046299	0.035499	0.038271

注：数据均根据生态足迹计算公式计算所得。

附表 5-4 中原经济区 2000~2003 年能源消耗人均生态需求汇总表

单位：公顷/人

能源品种		2000 年	2001 年	2002 年	2003 年
煤炭		0.377883	0.404878	0.445939	0.513854
石油		0.055212	0.055415	0.056911	0.066700
天然气		0.008837	0.010101	0.011220	0.013188
电力		0.004201	0.004690	0.005306	0.006007
合计	化石燃料用地	0.441933	0.470394	0.514069	0.593742
	建筑用地	0.004201	0.004690	0.005306	0.006007
	汇总	0.446134	0.475084	0.519376	0.599749

附表 5-5 中原经济区 2004~2007 年能源消耗人均生态需求汇总表

单位：公顷/人

能源品种	2004 年	2005 年	2006 年	2007 年
煤炭	0.588128	0.683246	0.754893	0.823401
石油	0.086089	0.090646	0.098722	0.103366
天然气	0.016786	0.020082	0.026339	0.028954
电力	0.007112	0.008153	0.009806	0.011339

续表

	能源品种	2004 年	2005 年	2006 年	2007 年
合计	化石燃料用地	0.691003	0.793973	0.879955	0.955721
	建筑用地	0.007112	0.008153	0.009806	0.011339
	汇总	0.698115	0.802127	0.889760	0.967060

附表 5-6　中原经济区 2008~2011 年能源消耗人均生态需求汇总表

单位：公顷/人

	能源品种	2008 年	2009 年	2010 年	2011 年
	煤炭	0.861411	0.887182	0.911046	0.962585
	石油	0.113929	0.123013	0.134981	0.147277
	天然气	0.034181	0.040446	0.049107	0.056313
	电力	0.012056	0.012727	0.014479	0.016013
合计	化石燃料用地	1.009521	1.050641	1.095135	1.166176
	建筑用地	0.012056	0.012727	0.014479	0.016013
	汇总	1.021578	1.063368	1.109614	1.182189

附表 5-7　中原经济区 2000~2003 年人均生态足迹汇总表

单位：公顷/人

	年份	2000 年	2001 年	2002 年	2003 年
生态需求	耕地	0.402522	0.376611	0.392537	0.333909
	草地	0.843078	0.811833	0.839789	0.922807
	林地	0.459295	0.453322	0.495835	0.439630
	水域	0.022025	0.022297	0.023389	0.028962
	化石燃料用地	0.441933	0.470394	0.514069	0.593742
	建筑用地	0.004201	0.004690	0.005306	0.006007
	合计	2.173054	2.139147	2.270927	2.325057

续表

年份		2000 年	2001 年	2002 年	2003 年
总生态承载力	耕地	0.444821	0.442535	0.448134	0.442318
	草地	0.000135	0.000136	0.000137	0.000139
	林地	0.008290	0.008224	0.008548	0.010252
	水域	0.001183	0.001190	0.001183	0.001222
	建筑用地	0.005785	0.006079	0.006460	0.006824
	合计	0.460213	0.458165	0.464462	0.460754
生物多样性预留		0.055226	0.054980	0.055735	0.055291
可用生态承载力		0.404988	0.403185	0.408727	0.405464
生态赤字		1.768067	1.735962	1.862200	1.919593

附表 5-8 中原经济区 2004~2007 年人均生态足迹汇总表

单位：公顷/人

年份		2004 年	2005 年	2006 年	2007 年
生态需求	耕地	0.361624	0.369557	0.394939	0.387829
	草地	1.028117	0.850579	0.939135	1.234405
	林地	0.442487	0.516710	0.684160	0.744931
	水域	0.026461	0.029955	0.033116	0.031823
	化石燃料用地	0.691003	0.793973	0.879955	0.955721
	建筑用地	0.007112	0.008153	0.009806	0.011339
	合计	2.556805	2.568929	2.941111	3.366048
总生态承载力	耕地	0.447723	0.457272	0.435258	0.439267
	草地	0.000140	0.000148	0.000169	0.000166
	林地	0.011277	0.011226	0.011250	0.011178
	水域	0.001228	0.001235	0.001242	0.001161
	建筑用地	0.007268	0.007187	0.007505	0.008035
	合计	0.467636	0.477069	0.455424	0.459808
生物多样性预留		0.056116	0.057248	0.054651	0.055177
可用生态承载力		0.411519	0.419821	0.400773	0.404631
生态赤字		2.145285	2.149108	2.540338	2.961417

附表 5-9　中原经济区 2008~2011 年人均生态足迹汇总表

单位：公顷/人

年份		2008 年	2009 年	2010 年	2011 年
生态需求	耕地	0.384029	0.384627	0.381283	0.361383
	草地	1.263731	1.240854	1.270167	1.270775
	林地	0.762244	0.817256	0.765479	0.934886
	水域	0.034037	0.046299	0.035499	0.038271
	化石燃料用地	1.009521	1.050641	1.095135	1.166176
	建筑用地	0.012056	0.012727	0.014479	0.016013
	合计	3.465619	3.552404	3.562042	3.787504
总生态承载力	耕地	0.453175	0.451773	0.437491	0.436445
	草地	0.000168	0.000177	0.000181	0.000180
	林地	0.011174	0.010365	0.008404	0.008019
	水域	0.001170	0.001167	0.001133	0.001132
	建筑用地	0.008436	0.008725	0.009029	0.009326
	合计	0.474124	0.472208	0.456237	0.455103
生物多样性预留		0.056895	0.056665	0.054748	0.054612
可用生态承载力		0.417229	0.415543	0.401489	0.400490
生态赤字		3.048390	3.136860	3.160553	3.387014

参考文献

［1］邢旗. 内蒙古草地资源及其利用现状分析［M］. 呼和浩特：内蒙古大学出版社，2002.

［2］王友贞. 区域水资源承载力评价研究［D］. 河海大学博士学位论文，2002.

［3］郭秀锐，毛显强. 中国土地承载力计算方法研究综述［J］. 地球科学进展，2000，15（6）.

［4］李泽红，董锁成等. 相对资源承载力模型的改进及其实证分析［J］. 资源科学，2008，30（9）.

［5］杜晓睿. 基于生态足迹模型的区域生态承载力研究［D］. 西南大学，2008.

［6］张桂宾，王安周. 中国中部六省生态足迹实证分析［J］. 生态环境，2007，2.

［7］黄秉维. 现代自然地理［M］. 北京：科学出版社，1999.

［8］沪宁，赵丰收. 光热资源及作物生产潜力——以河北省栾城县为例［J］. 气象学报，1982，40（3）.

［9］邓根云. 气候生产潜力的季节分配与玉米的最佳播期［J］. 气象学报，1986，44（2）.

［10］聂庆华. 陕西省洛川县土地生产潜力及人口容量研究［J］. 自然资源，1992（3）.

［11］王霞. 新疆土地承载力问题研究［D］. 乌鲁木齐：新疆大学博士学位论文，2007.

［12］张养贞. 县级玉米遥感估产实验及其效果研究［J］. 地理科学，

1995, 15 (2).

[13] 姚凤梅, 许吟隆, 冯强. CERES – Rice 模型在中国主要水稻生态区的模拟及其检验 [J]. 作物学报, 2005, 31 (5).

[14] 李军, 邵明安, 张兴昌. EPIC 模型中作物生长与产量形成的数学模型 [J]. 西北农林科技大学学报 (自然科学版), 2004 (1).

[15] 王玉平, 卜善祥. 中国矿产资源经济承载力研究 [J]. 煤炭经济研究, 1998 (12).

[16] 徐大富, 渠丽萍, 张均. 贵州省矿产资源承载力分析 [J]. 科技进步与决策, 2004 (5).

[17] 徐德成, 董振凯, 王积富. 山东沿海森林人口承载力探讨 [J]. 林业科学, 1994 (3).

[18] 苏喜友. 森林承载力研究 [D]. 北京林业大学博士学位论文, 2002.

[19] 黄宁生, 匡耀求. 广东相对资源承载力与可持续发展问题 [J]. 经济地理, 2000 (2).

[20] 杨缅昆. 绿色 GDP 和环保活动核算——兼论 GDP 修正中的方法论问题 [J]. 统计研究, 2000 (9).

[21] 杨缅昆. 国民福利核算的理论构造——绿色 GDP 核算理论的再探讨 [J]. 统计研究, 2003 (1).

[22] 李晶. 人类发展的测度方法研究——对 HDI 的反思与改进 [M]. 北京: 中国财政经济出版社, 2009.

[23] William Nordhaus, Jamer Tobin. Is Growth Obsolete? in National Bureau of Economic Research, Economic Growth. New York: Columbia University Press, 1972.

[24] A. Kunte, K. Hamilton, J. Dixon and M. Clemens. Estimating National Wealth: Methodology and Results [M]. Washington D. C, Environment Department, World Bank, 1998.

[25] REES W. E. Ecological Footprint and Appropriated Carrying Capacity: What Urban Economics Leaves Out [J]. Environment Urbanization,

1992, 4 (2).

[26] Wackernagel M., Onisto., BELLO P. et al., National natural capital accounting with the ecological footprint concept [J]. Ecological Economics, 1999, 29 (3).

[27] 岳东霞, 马金辉, 巩杰等. 中国西北地区基于GIS的生态人口承载力定量评价与空间格局 [J]. 兰州大学学报（自然科学版）, 2009, 45 (6).

[28] 邱建平. 以科学的发展观为指导, 切实做好国土资源工作. 资源环境循环经济 [J]. 中国环境循环经济, 2005.

[29] 李朝旗, 金晓斌, 周寅康. 土地利用与区域发展协调性评价——基于土地综合承载力的视角 [J]. 经济问题探索, 2010 (3).

[30] 王雯雯, 陈龙乾, 张金萍, 王秉义, 田红保. 金乡县土地资源承载力分析及评价 [J]. 安徽农学通报, 2008, 14 (20).

[31] 杨东, 刘强, 郭盼盼, 刘洪敏, 郑凤娟. 河西地区土地生产潜力及人口承载力研究——以张掖市甘州区为例 [J]. 西北人, 2010, 31 (2).

[32] 刘丽君, 文霞, 龙枚梅, 王兴贵. 基于GIS的兴文县喀斯特山区土地人口承载力研究 [J]. 四川地质学报, 2009 (29).

[33] 张富刚, 郝晋眠, 李旭霖. 县域土地利用协调发展度评价——以河北省曲周县为例 [J]. 水土保持通报, 2005, 25 (2).

[34] 王书华, 毛汉英, 赵明华. 略论土地综合承载力评价指标体系的设计思路——我国沿海地区案例分析阴 [J]. 人文地理, 2001, 16 (4).

[35] Lane M. The Carrying Capacity Imperative: Assessing Regional Carrying Capacity Methodologies for Sustainable Land – use Planning [J]. Land use Policy, 2010, 27 (4).

[36] 原华荣, 周仲高, 黄洪琳. 土地承载力的规定和人口与环境的问断平衡 [J]. 浙江大学学报（人文社会科学版）, 2007, 37 (5).

[37] 李亚, 叶文, 南凌, 沈军. 昭通盆地土地承载力与城市建设适宜性研究 [J]. 云南师范大学报, 1999, 19 (6).

[38] 彭凤琼. 两广土地承载力对比分析及对策研究 [J]. 广西民族学院学报（哲学社会科学版）, 2004, 26 (6).

［39］罗贞礼. 土地承载力研究的回顾与展望［J］. 国土资源导刊, 2005, 2.

［40］邵景波, 李柏洲, 周晓莉. 基于加权主成分TOPSIS价值函数模型的中俄科技潜力比较［J］. 中国软科学, 2008, 9.

［41］尹勇平, 涂利娟, 曾毅. 长株潭城市群土地生态承载力评价研究［J］. 安徽农业科学, 2009, 37（6）.

［42］罗雁文, 魏晓, 王良健. 湖南省各市（州）土地资源承载力评价［J］. 经济地理, 2009, 29（2）.

［43］曾璐, 周宝同, 彭敏. 贵阳市城市土地集约利用评价研究［J］. 贵州大学学报（自然科学版）, 2010, 27（1）.

［44］黄万常, 周兴. 土地承载力研究的理论与方法综述［J］. 江西农业学报, 2008, 20（10）.

［45］叶伟, 赵善伦, 孙静. 土地人口承载力计算方法综述［J］. 环境科学与管理, 2008, 3（3）.

［46］张志良, 杨晓鹏. 青海省土地承载力的系统动力学研究［J］. 地理学与国土研究, 1992, 8（4）.

［47］张晶, 王德岱. 浅论土地承载力研究方法［J］. 山东省农业管理干部学院学报, 2007, 1（23）.

［48］齐亚彬. 国土资源承载力定量综合评价研究——以天津为例［J］. 中国国土资源经济, 2004, 17（198）.

［49］邹超亚. 贵州粮食生产潜力与土地人口承载力的初步研究［J］. 耕作与栽培, 2003（1）.

［50］马爱慧, 李默, 李晓东. 基于AHP的新疆土地利用综合承载力研究［J］. 云南地理环境研究, 2007, 19（3）.

［51］瞿理铜, 肖丽. 湖南省城市辖区土地综合承载力评价［J］. 国土资源科技管理, 2008, 25（5）.

［52］吕宝, 王成端, 周亚红. 绵阳市土地资源承载力研究［J］. 合肥工业大学学报（自然科学版）, 2007, 30（4）.

［53］王明涛. 多指标综合评价中权数确定的离差、均方差决策方法

[J]. 中国软科学, 1999 (8).

[54] Forman T. T. Land Mosaics: the Ecology of Land saphead Regions [J]. Cambridge University Press, 1995.

[55] 秦中, 邓潇雅, 李金娟. 贵阳水资源持续利用策略 [J]. 山地农业生物学报, 2008, 27 (5).

[56] 王书华, 曹静. 土地综合承载力评判指标体系的构建及应用 [J]. 河北师范大学学报, 2001, 25 (1).

[57] 李建成, 瞿理铜. 泉州市土地综合承载力分析及评价 [J]. 泉州师范学院学报 (自然科学), 2007, 25 (6).

[58] 廖义玲, 刘祥洋. 岩溶脆弱环境下贵阳盆地土壤和植被的保护 [J]. 地球与环境, 2008, 36 (3).

[59] 黄劲松, 吴薇, 周寅康. 温州市粮食生产潜力及土地人口承载力研究 [J]. 农村生态环境, 1998, 14 (3).

[60] 程国栋. 承载力概念的演变及西北水资源承载力的应用框架 [J]. 冰川冻土, 2002, 24 (4).

[61] 陈传美, 郑垂勇, 马彩霞. 郑州市土地承载力系统动力学研究 [J]. 河海大学学报 (自然科学版), 1999 (1).

[62] 张志强, 孙成权, 程国栋等. 可持续发展研究: 进展与趋势 [J]. 地球科学进展, 1999, 14 (6).

[63] Daily G. C, Ehrlich P. R. Socioeconomic Equity, Sustainability, and Earth Carrying Capacity [J]. Ecological Application, 1996, 6 (4).

[64] Costanza R., Daly H. Natural Capital and sustainable development [J]. Conser - Vation biology, 1992, 6 (1).

[65] Hardid P., Barg S. Measuring Sustainable Development: Review of CurrentPractice Toronto: International Institute for Sustainable Development, 1997.

[66] 杨多贵, 牛文元. 中国区域可持续发展综合优势能力评价 [J]. 科学管理研究, 2000, 18 (5).

[67] 高吉喜. 可持续发展理论探索——生态承载力理论、方法与应用 [M]. 北京: 中国环境科学出版社, 2001.

[68] 雷学东, 陈丽华, 余新晓, 等. 区域水资源承载力研究现状与发展趋势 [J]. 水资源与水工程学报, 2004 (9).

[69] 张小洪, 蒋文举. 城市污水处理生态系统能值分析 [J]. 生态学报, 2008, 28 (5).

[70] 陈丹, 陈警, 罗朝晖. 天然水资源价值评估的能值方法及应用 [J]. 水利学报, 2006, 37 (10).

[71] 陈端吕, 董明辉, 彭保发. 生态承载力研究综述 [J]. 湖南文理学院学报, 2005, 30 (5).

[72] 齐亚彬. 资源环境承载力研究进展及其主要问题剖析 [J]. 中国国土资源经济, 2005, 7-11.

[73] 高鹭, 张宏业. 生态承载力的国内外研究进展 [J]. 中国人口资源与环境, 2007, 17 (2).

[74] 王俭, 孙铁珩, 李培军, 李法云. 环境承载力研究进展 [J]. 应用生态学报, 2005, 16 (4).

[75] 黄宁生, 匡耀求. 广东相对资源承载力与可持续发展问题 [J]. 经济地理, 2000, 20 (2).

[76] 郭秀锐, 毛显强, 冉圣宏. 国内环境承载力研究进展 [J]. 中国人口资源与环境, 2000, 10 (3).

[77] 谢红霞, 任志远, 莫宏伟. 区域相对资源承载力时空动态研究——以陕西省为例 [J]. 干旱区资源与环境, 2004 (11).

[78] 唐剑武, 郭怀成, 叶文虎. 环境承载力及其在环境规划中的初步应用 [J]. 中国环境科学, 1997, 17 (1).

[79] 洪阳, 叶文虎. 可持续环境承载力的度量及其应用 [J]. 中国人口资源与环境, 1998, 8 (3).

[80] 彭再德, 杨凯, 王云. 区域环境承载力研究方法初探 [J]. 中国环境科学, 1996, 16 (1).

[81] 叶文虎, 梅凤桥, 关伯仁. 环境承载力理论及其科学意义 [J]. 环境科学研究, 1992, 5.

[82] 李翔, 许兆义, 孟伟. 城市生态承载力研究 [J]. 中国安全科学学

报，2005，15（2）．

[83] 刘庆志．我国煤炭资源可持续利用承载力探讨［J］．山东科技大学学报（自然科学版），2006，25（4）．

[84] 毛汉英，余丹林．区域承载力定量研究方法探讨［J］．地球科学进展，2001（8）．

[85] 闫旭骞，徐俊艳．矿区资源环境承载力评价方法研究［J］．金属矿产，2005（6）．

[86] 王中根，夏军．区域生态环境承载力的量化方法研究［J］．长江职工大学学报，1999（12）．

[87] 李玲，赵晓光，高芳．矿区环境承载力研究现状及发展趋势［J］．山西建筑，2008，34（6）．

[88] 王友贞，施国庆，王德胜．区域水资源承载力评价指标体系的研究［J］．自然资源学报，2005（7）．

[89] 宋松柏，蔡焕杰．区域水资源可持续利用指标体系及评价方法研究［M］．西北农林科技大学出版社，2005．

[90] 秦大河，张坤生，牛文元．中国人口资源环境与可持续发展［M］．北京：新华出版社，2002．

[91] 邵金花，刘贤赵．区域水资源承载力的主成分分析法及应用——以陕西省西安市为例［J］．安徽农业科学，2006，34（19）．

[92] 陈英姿．中国东北地区资源承载力研究［M］．长春：长春出版社，2010．

[93] 黄宁生，匡耀求．广东相对资源承载力与可持续发展问题［J］．经济地理，2000，26（6）．

[94] 李东序，赵富强．城市综合承载力结构模型与耦合机制研究［J］．城市发展研究，2008（6）．

[95] 刘厚仙，汤海燕，简敏菲，倪才英．生态承载力研究现状与展望［J］．江西科学，2006（5）．

[96] 刘庄．祁连山自然保护区生态承载力研究［M］．北京：中国环境科学出版社，2006．

[97] 唐剑武, 叶文虎. 环境承载力的本质及其定量化初步研究 [J]. 中国环境科学, 1998 (3).

[98] 田成诗. 大连市沙河口区可持续发展的人口承载力预测 [J]. 市场与人口分析, 2008 (5).

[99] 王俭, 孙铁珩, 李培军, 李法云. 环境承载力研究进展 [J]. 应用生态学报, 2005 (4).

[1060] 王学军. 地理环境人口承载潜力及其区域差异 [J]. 地理科学, 1992, 12 (4).

[101] 周伟, 钟祥浩, 刘淑珍著. 西藏高原生态承载力研究——以山南地区为例 [M]. 北京: 科学出版社, 2008.

[102] 陈成忠, 林振山. 中国人均生态足迹与生物承载力变化的 EMD 分析及情景预测 [J]. 生态学报, 2007, 27 (12).

[103] 牛树海. 区域可持续发展不统的生态足迹评价——以河南省为例 [D]. 河南大学硕士学位论文, 2002.

[104] 王宇峰. 城市生态系统承载力综合评价与分析 [D]. 浙江大学硕士学位论文, 2005.

[105] 王中根, 夏军. 区域生态环境承载力的量化方法研究 [J]. 长江职工大学学报, 1999, 16 (4).

[106] 韦佳园, 蒋御柱. 区域可持续发展的社会动态人口承载力模型研究 [J]. 安徽社会科学, 2008 (10).

[107] 夏军, 朱一中. 水资源安全的度量: 水资源承载能力的研究与挑战 [J]. 自然资源学报, 2002 (3).

[108] 胡新艳, 牛宝俊, 刘一明. 广东省生态足迹与可持续发展研究明 [J]. 上海环境科学, 2003, 22 (12).

[109] 王宝山, 丁安民, 王赞国等. 区域土地人口承载力预测模型研究 [J]. 焦作工学院学报, 1998 (3).

[110] 徐晓红, 犷高明, 王洪丽等. 1978~2003 年吉林省相对资源承载力的测算与分析 [J]. 农业现代化研究, 2006, 27 (3).

[111] 王书国, 段学军, 姚士谋. 长江三角洲地区人口空间演变特征及

动力机制［J］. 长江流域资源与环境, 2007, 16 (4).

［112］王颖, 王腊春, 王栋等. 长江三角洲水资源水环境承载力、发展变化规律与永续利用之对策研究［J］. 水资源保护, 2003 (6).

［113］姚治君, 王建华, 江东等. 区域水资源承载力的研究进展及其理论探析［J］. 水科学进展, 2002, 13 (1).

［114］李红举, 皇甫伟. 河南省水资源特点与节水灌溉的发展［J］. 节水灌溉, 2000 (5).

［115］袁伟, 楼章华, 田娟. 富阳市水资源承载能力综合评价［J］. 水利学报, 2008, 39 (1).

［116］许有鹏. 干旱区水资源承载能力综合评价研究［J］. 自然资源学报, 1993, 8 (3).

［117］凌和良. 区域水资源承载力模糊线性规划模型及应用［J］. 数学的实践与认识, 2008, 38 (24).

［118］王建华, 江东, 顾定法等. 水资源承载力的概念与理论［J］. 甘肃科学报, 1999, 11 (2).

［119］冯耀龙, 韩文秀, 王宏江等. 区域水资源承载力研究［J］. 水科学进展, 2003. 14 (1).

［120］王俭, 孙铁珩, 李培军等. 基于人工神经网络的区域水环境承载力评价模型及其应用［J］. 生态学杂志, 2007, 26 (1).

［121］徐中民, 程国栋. 运用多目标决策分析技术研究黑河流域中游水资源承载力［J］. 兰州大学学报, 2000, 36 (2).

［122］王顺久, 侯玉, 张欣莉等. 流域水资源承载能力的综合评价方法［J］. 水利学报, 2003 (1).

［123］黄劲松, 吴薇, 周寅康. 温州市粮食生产潜力及土地人口承载力研究［J］. 农村生态环境, 1998, 14 (3).

［124］方相林, 焦士形, 张喜旺. 河南省水资源开发利用评价［J］. 地域研究与开发, 2005, 24 (1).

［125］陈守煜, 胡吉敏. 可变模糊评价法及在水资源承载能力评价中的应用［J］. 水利学报, 2006, 37 (3).

[126] 周琳, 金辉. 主成分分析法在江门市水资源承载力研究中的运用 [J]. 人民珠江, 2007 (5).

[127] 孟旭光, 吕宾, 安翠娟. 应重视和加强土地承载力评价 [J]. 中国国土资源经济, 2006, 19 (2).

[128] 张晶, 王德岱. 浅论土地承载力研究方法 [J]. 山东省农业管理干部学院学报, 2007, 1 (23).

[129] 施雅风, 曲耀光. 乌鲁木齐河流域水资源承载力及其合理利用 [M]. 北京: 科学出版社, 1992.

[130] 郭海丹, 邵景力, 谢新民等. 基于压力—状态—响应模型的城市水资源承载能力研究 [J]. 水资源保护, 2009, 25 (2).

[131] 中国国土资源经济研究院. 北京市土地资源承载力评价研究 [J]. 《北京市土地利用总体规划 (2005～2020年)》专题研究, 2005 (9).

[132] 陈国先, 徐邓耀, 李明东. 土地资源承载力的概念与计算 [J]. 四川师范学院学报 (自然科学版), 1996, 17 (2).

[133] 张晓青, 李玉江. 山东省水土资源承载力空间结构研究 [J]. 资源科学, 2006, 2 (28).

[134] 冯绍元, 陈绍军, 霍再林等. 我国水资源承载力研究现状及展望 [J]. 东华理工学院学报, 2006, 29 (4).

[135] 白雪华, 孙君. 把循环经济观融入到国土资源经济发展之中. 资源环境循环经济 [M]. 北京: 中国大地出版社, 2005.

[136] 岳晓燕, 宋伶英. 土地资源承载力研究方法的回顾与展望 [J]. 水土保持研究, 2008, 15 (1).

[137] 熊伟. 湖南省土地综合承载力评价及对策研究 [J]. 湖南有色金属, 2008, 24 (4).

[138] 杜舰, 王素萍, 刘新平. 建立统一协调的土地利用规划体系设想 [J]. 资源环境循环经济 [M]. 北京: 中国大地出版社, 2005.

[139] 孙卫东, 阎军印. 区域国土资源综合承载力评价研究的探讨 [J]. 中国国土资源经济, 2005.

[140] 卢嘉, 吕萍, 刘新平. 城市化进程中集体土地开发方式及其思考.

资源环境循环经济［M］．北京：中国大地出版社，2005．

［141］苏维词．贵阳城市土地利用变化及其环境效应［J］．地理科学，2000，20（5）．

［142］罗贞礼．土地承载力研究的回顾与展望［J］．国土资源导刊，2005，2．

［143］罗有贤．重庆市土地承载力研究［J］．重庆师范学院学报（自然科学版），1992，9（4）．

［144］熊利亚等．基于和的土地生产力与人口承载量［J］．地理研究，2004，23（1）．

［145］李宏．云南人口变动与土地承载力分析［J］．农业经济，2004，7．

［146］杨晓鹏，张志良．青海省土地资源人口承载量系统动力学研究［J］．地理科学，1993，13（1）．

［147］杨光梅．我国承载力研究的阶段性特征及展望［J］．科技创新导报，2009，28．

［148］李兰维．土地承载力研究的评价［J］．资源开发与保护，1997，7（2）．

［149］陈端吕，董明辉，彭保发．基于GIS的常德市土地开发整理潜力分析与评价［J］．湖南文理学院学报（社会科学版），2004，29（1）．

［150］龙腾锐，姜文超，何强．水资源承载力内涵的新认识［J］．水利学报，2004，10（1）．

［151］汪恕诚．水环境承载能力分析与调控［J］．中国水利，2001（11）．

［152］徐晓霞．中原城市群城市生态系统评价研究［J］．地域研究与开发，2006，25（5）．

［153］王浩，秦大庸，王建华等．西北内陆干旱区水资源承载能力研究［J］．自然资源学报，2004，19（2）．

［154］李红举，黄甫委．河南省水资源特点与节水灌溉的发展［J］．节水灌溉，2000（5）．

［155］左其亭．城市水资源承载能力——理论·方法·应用［M］．北

京：化学工业出版社，2005.

［156］陈百明．中国土地资源生产能力与人口承载量研究［M］．北京：中国人民大学出版社，2001.

［157］冉圣宏，薛纪渝，王华东．区域环境承载力在北海市城市可持续发展研究中的应用［J］．中国环境科学，1998，18（增刊）.

［158］郭艳红．北京土地人口承载力研究［D］．中国地质大学，2007.

［159］林先扬，陈忠暖，蔡国田．国内外城市群研究的回顾与展望［J］．热带地理，2003，23（1）.

［160］陈长杰，傅小锋．中国可持续发展综合评价研究［J］．中国人口·资源与环境，2004（1）.

［161］童玉芬，张石峰．新疆资源环境人口容量系统分析及预测［J］．新疆社会经济，1992，（3）.

［162］倪超．哈大齐经济带土地综合承载力研究［J］．边疆经济与文化，2007，38（2）.

［163］王宁，刘平，黄锡欢．生态承载力研究进展［J］．中国农学通报，2004，20（6）.

［164］崔凤军．城市水环境承载能力及其实证研究［J］．自然资源学报，1998，13（1）.

［165］王玉平．矿产资源人口承载力研究［J］．中国人口·资源与环境，1998，8（3）.

［166］徐强．区域矿产资源承载能力分析几个问题的探讨［J］．自然资源学报，1996（2）.

［167］康松，刘鲜明，陈斐．江西区域资源环境承载力评价及其启示［J］．井冈山学院学报（哲学社会科学版），2005，26（2）.

［168］崔丽娟，赵欣胜．鄱阳湖湿地生态能值分析研究［J］．生态学报，2004，24（7）.

［169］崔凤军，刘家明．旅游环境承载力理论及其实践意义［J］．地理科学进展，1998，17（1）.

［170］毛洪章，陈军．武汉市环境承载力研究［J］．理论月刊，2006，1.

[171] 陈兴鹏, 戴芹. 系统动力学在甘肃河西地区水土承载能力中的应用 [J]. 干旱区地理, 2002, 25 (4).

[172] 匡耀求, 孙大中. 基于资源承载力的区域可持续发展评价模式探讨——对珠江三角洲经济区可持续发展的初步评价 [J]. 热带地理, 1998, 18 (3).

[173] 邓波, 洪绂曾, 龙瑞军. 区域生态承载力量化方法研究述评 [J]. 甘肃农业大学学报, 2003, 38 (3).

[174] 丁任重. 西部经济发展与资源承载力研究 [M]. 北京: 人民出版社, 2005.

[175] 王西琴, 周孝德. 关中地区环境承载力的初步研究 [J]. 国土开发与整治, 1999, 9 (2).

[176] 高吉喜. 可持续发展理论探讨——生态承载力理论、方法与应用 [M]. 北京: 中国环境科学出版社, 2001.

[177] 谢红彬. 关于资源环境承载容量问题的思考 [J]. 新疆大学学报 (自然科学版), 1997, 14 (1).

[178] 方创琳, 鲍超, 张传国. 干旱地区生态—生产—生活承载力变化情势与演变情景分析 [J]. 生态学报, 2003, 23 (3).

[179] 郭秀锐, 毛显强. 中国土地承载能力计算方法研究综述 [J]. 地球科学进展, 2000, 15 (6).

[180] 倪天麒, 王伟. 城市环境容载力及其计量方法初探 [J]. 干旱区地理, 2000, 23 (4).

[181] 石月珍, 赵洪杰. 生态承载力定量评价方法的研究进展 [J]. 人民黄河, 2005, 27 (3).

[182] 郭志伟. 城市经济承载力研究——以北京市为例 [J]. 城市发展研究, 2008 (6).

[183] 李新琪, 海热提·涂尔逊. 区域环境容载力理论及评价指标体系初步研究 [J]. 干旱区地理, 2000, 23 (4).

[184] 刘武艺, 邵东国, 唐明. 基于城市水生态系统健康的生态承载力理论探讨和评价研究 [J]. 安全与环境学报, 2007, 7 (2).

[185] 蒋晓辉, 黄强, 惠泱河. 陕西关中地区水环境承载能力研究 [J]. 环境科学学报, 2001, 21 (3).

[186] 崔凤军. 论环境质量与环境承载力 [J]. 山东农业大学学报, 1995, 26 (1).

[187] 崔凤军, 杨永慎. 产业结构对城市生态环境的影响评价 [J]. 中国环境科学, 1998, 18 (2).

[188] 赵勇, 李树人, 寇刘秀, 宋艳辉. 生态足迹法在郑州市城市可持续发展中的应用 [J]. 河南农业大学学报, 2004, 38 (4).

[189] 蒋耀. 基于综合评价理论的区域可持续发展研究——上海市青浦区和谐社会战略分析 [D]. 上海交通大学博士学位论文, 2008.

[190] 毛汉英, 余丹林. 环渤海地区区域承载力研究 [J]. 地理学报, 2001, 56 (3).

[191] 苗世龙, 程婕, 刘捷, 赵廷宁. 天津市生态承载力分析 [J]. 中国生态农业学报, 2008, 16 (6).

[192] 揖跃军, 陈英姿. 关于资源承载力的研究综述及思考 [J]. 中国人口·资源与环境, 2006, 16 (5).

[193] 秦耀辰, 徐铭杰. 区域持续发展的指标研究 [J]. 地理学报, 1998, 53 (2).

[194] 赵永梅, 高宝嘉, 杨坤, 袁胜亮. 基于集对分析法的社会经济与生态环境协调发展度评价——以保定市为例 [J]. 中国农学通报, 2008, 24 (4).

[195] 梁智. 旅游目的地社会经济承载力的经济学分析 [J]. 南开管理评论, 2002, (4).

[196] 贾绍凤, 毛汉英. 国外可持续发展度量研究综述 [J]. 地球科学进展, 1999, 14 (6).

[197] 毕东苏, 李咏梅, 顾国维等. 城市生态系统承载机制定量研究 [J]. 安全与环境学报, 2005, 5 (1).

[198] 林永钦. 基于多目标群决策的湖泊综合承载能力研究——以鄱阳湖为例 [D]. 南昌大学博士学位论文, 2007.

[199] 倪小东. 城市生态系统承载力研究——以淮南市为例 [D]. 合肥工业大学, 2007.

[200]] 刘殿生. 资源与环境综合承载能力研究 [J]. 环境科学研究, 1995, (8).

[201] 曹淑艳, 谢高地. 表达生态承载力的生态足迹模型演变 [J]. 应用生态学报, 2007, 6.

[202] 刘晓冬, 宋旭, 宋秀娟等. 大庆市西部生态功能保护区土地资源人口承载能力分析 [J]. 大庆石油学院学报, 2006, 30 (3).

[203] 陈成忠, 林振山, 陈玲玲. 生态足迹与生态承载力非线性动力学分析 [J]. 生态学报, 2006, 26 (11).

[204] 刘艳玲. 区域水环境承载能力的可持续发展研究——以长春市为例 [D]. 东北师范大学博士学位论文, 2005.

[205] 邓波, 洪绂曾, 高洪文. 草原区域可持续发展研究的新方向——生态承载力 [J]. 吉林农业大学学报, 2003, 25 (5).

[206] 刘庄. 祁连山自然保护区生态承载能力研究 [M]. 北京: 环境科学出版社, 2006.

[207] 李王鸣, 王建正, 葛丹东. 都市边缘区生态承载力变化及原因探讨——以杭州都市边缘区为例 [J]. 浙江大学学报（工学版）, 2008, 1.

[208] 邱林. 区域水资源承载能力分析 [J]. 华北水利水电学院学报, 2005, 1 (3).

[209] 洪滔, 吴承祯, 范海兰, 宋萍. 福建省近10年生态足迹与生态承载力研究 [J]. 安全与环境学报, 2007, 2.

[210] 河南省统计局. 河南省统计年鉴 [M]. 北京: 中国统计出版社, 1990~2009.

[211] 李令跃, 甘泓. 试论水资源合理配置和承载能力概念与可持续发展之间的关系 [J]. 水科学进展, 2000, 11 (3).

[212] 夏军, 朱一中. 水资源安全的度量: 水资源承载力的研究与挑战 [J]. 自然资源学报, 2002, 17 (3).

[213] 权衡, 左学金. 科学发展与城市国际竞争力——上海发展前景与政

策选择研究［M］．上海：上海社会科学院出版社，2006．

［214］施海燕．区域经济承载力评价研究［J］．新西部，2008（8）．

［215］翁伯琦，王义祥，黄毅斌，应朝阳，黄勤楼．福建省生态足迹和生态承载力的动态变化［J］．应用生态学报，2006，11．

［216］岳东霞，李自珍，惠苍．甘肃省生态足迹和生态承载力发展趋势研究［J］．西北植物学报，2004，24（3）．

［217］孙富行．水资源承载力分析与应用［D］．河海大学博士学位文，2006．

［218］张燕，吴玉鸣．广西生态环境可持续发展评估［J］．生态学杂志，2006，25（7）．

［219］陶在朴．生态包袱与生态足迹——可持续发展的重量及面积观念［M］．北京：经济科学出版社，2003．

［220］刘洪丽，吴军年，徐兴东．基于对分析的矿区生态承载力定量评价［J］．干旱区研究，2008，25（4）．

［221］张传国，方创琳，全华．干旱区绿洲承载力研究的全新审视与展望［J］．资源科学，2002，24（2）．

［222］王家骥等．黑河流域生态承载能力估测［J］．吉林林学院学报，2000（14）．

［223］杨志峰，隋欣．基于生态系统健康的生态承载力评价［J］．环境科学学报，2005，25（5）．

［224］王学全，卢琦，李保国．应用模糊综合评判方法对青海省水资源承载能力评价研究［J］．中国沙漠，2005，25（6）．

［225］张林波．城市生态承载力理论与方法研究——以深圳为例［M］．北京：中国环境科学出版社，2009．

［226］谢高地．我国自然资源的承载能力分析［J］．中国人口·资源与环境，2005，15（5）．

［227］河南省统计局．2008年河南省国民经济和社会发展统计公报［R］．郑州：河南省统计局，2009．

［228］徐琳瑜，杨志峰，李威．城市生态系统承载能力研究进展［J］．城

市环境与城市生态,2003,16(6).

[229] 薛惠锋,陶建格,卢亚丽.资源系统工程[M].北京:国防工业出版社,2007.

[230] 余丹林.区域承载能力的理论、方法与实证研究[D].中国科学院地理科学与资源研究所博士学位论文,2000.

[231] 张文国,杨志峰.基于指标体系的地下水环境承载能力评价[J].环境科学学报,2002,22(4).

[232] 王书华,曹静.土地综合承载力评判指标体系的构建及应用[J].河北师范大学学报(自然科学版),2001,25(1).

[233] 封志明.土地资源承载力研究的过去、现在与未来[J].中国土地科学,1994,8(3).

[234] 聂庆华.土地生产潜力和土地承载能力研究进展[J].水土保持通报,1993,13(3).

[235] 封志明.土地承载力研究的源起与发展[J].资源科学,1993(6).

[236] 《中国土地资源生产能力及人口承载量研究》课题组.中国土地资源生产能力及人口承载量研究[M].北京:中国人民大学出版社,1991.

[237] 梅伟娟,周维禄,蔡琳亭.区域土地人口承载力研究——以山东省邹城市为例[J].西南农业大学学报(社会科学版),2010,8(1).

[238] 陈百明.土地资源学概论[M].北京:中国环境科学出版社,1996.

[239] 郭志伟.北京市土地资源承载力综合评价研究[J].城市发展研究,2008,15(5).

[240] 刘坚,黄贤金,赵彩艳.江苏省城市化发展与土地利用程度变化相关性研究[J].水土保持研究,2006,13(2).

[241] 胡晨成,刘昌华,程锡麟.重庆市城镇化进程中城镇郊区耕地保护问题浅析[J].水土保持研究,2010,17(5).

[242] 杨亮,吕耀,郑华玉.城市土地人口承载力研究进展[J].地理科学进展,2010,29(5).

[243] 张瑜英, 李占斌. 基于生态足迹模型的陕西省生态人口承载力定量评估 [J]. 干旱区资源与环境, 2007, 21 (1).

[244] 郑州市统计局. 郑州市统计年鉴 (2013) [M]. 北京: 中国统计出版社, 2013.

[245] Khanna P., Babu P. R., George MS1 Carrying – capacity as a Basis for Sust Ainable Development : A Case Study of National Capital Region in India [J]. Progress in Planning, 1999.

[246] Seidl I. Tisdell CA1 Carrying Capacity Reconsidered: from Malthus. Population Theory to Cultural Carrying Capacity [J]. Ecological Economics, 1999, 31.

[247] Kitzes J. Galli A. Bagliani M. et al. A Research Agenda for Improving National Ecological Footprint Accounts [J]. Ecological Economics, 2009, 68 (7).

[248] Wackernagel M. Lewan L. Hansson C. B. Evaluating the Use of Natural Capital with the Ecological Footprint; Application in Sweden and Subregions [J]. Amibo, 1999, 28 (7).

[249] Malthas T. R., Essay on the Principle of Population, London, 1826.

[250] 威廉·福格特著. 生存之路 [M]. 张子美译. 北京: 商务印书馆, 1981.

[251] 王书华, 毛汉英. 土地综合承载力指标体系设计及评价——中国东部沿海地区案例研究 [J]. 自然资源学报, 2001, 6 (3).

[252] 康鸳鸯. 基于耕地地力的河南省耕地承载力研究 [J]. 河南农业科学, 2004 (5).

[253] Yang K. Z. Yang Y. Chen J. Ecological Footprint Analysis: Concept, Method and Cases [J]. Advance in Earth Sciences, 2000, 15 (6).

[254] 余万军, 吴次芳. 基于生态足迹和农业生态区域法的土地人口承载力比较研究——以贵阳市为例 [J]. 浙江大学学报 (农业与生命科学版), 2007, 33 (4).

[255] 张芳, 徐伟峰, 李光明等. 上海市 2003 年生态足迹与生态人口承

载力分析［J］. 同济大学学报（自然科学版），2006，34（1）.

［256］王家骥，姚小红等. 黑河流域生态承载力估测［J］. 环境科学研究，2000，13（2）.

［257］李金海. 区域生态承载力与可持续发展［J］. 中国人口——资源与环境，2001，11（3）.

［258］黄青，任志远. 论生态承载力与生态安全［J］. 干旱区资源与环境，2004，18（2）.

［259］隋昕，齐晔. 黄河流域青海片生态承载力动态评价［J］. 生态学杂志，2007，26（3）.

［260］张志强，徐忠民，程国栋. 生态足迹的概念及计算模型［J］. 生态经济，2000，10.

［261］余丹林. 区域承载力的理论、方法与实证研究——以环海地区为例［D］. 北京：中国科学院地理科学与资源研究所，2000.

［262］吴静. 天津市滨海新区生态承载力综合评价［D］. 天津师范大学硕士论文，2003.

［263］李晓文，肖笃宁，胡远满. 辽河三角洲滨海湿地景观规划各预案对指示物种生态承载力的影响［J］. 生态学报，2001，21（5）.

［264］张传国，方创琳. 干旱区绿洲系统生态—生产—生活承载力相互作用的驱动机制分析［J］. 自然资源学报，2002，7（2）.

［265］余丹林，毛汉英. 状态空间衡量区域承载力初探［J］. 地理研究，2001，20（2）.

［266］毛汉英，余丹林. 环渤海地区区域承载力研究［J］. 地理学报，2001，56（3）.

［267］王在高，梁虹. 岩溶地区水资源承载力指标体系及其理论模型初探［J］. 中国岩溶，2001，20（2）.

［268］张鑫，王纪科，周建召. 关中平原地下水资源承载力的现状及提高水资源承载力的途径［J］. 地下水，2001，23（2）.

［269］王建华，江东等. 基于SD模型的干旱区城市水资源承载力进行预测研究［J］. 地理学与国土研究，1999，15（2）.

[270] 陈冰. 柴达木盆地水资源承载力方案系统分析 [J]. 环境科学, 2000 (3).

[271] 薛小杰. 城市水资源承载力及其实证研究 [J]. 西北农业大学学报, 2000, 28 (6).

[272] 迟道才. 盘锦市水资源承载力研究 [J]. 沈阳农业大学学报, 2000, 28 (6).

[273] 王顺久, 侯玉, 张欣莉等. 流域水资源承载能力的综合评价方法 [J]. 水利学报, 2003 (1).

[274] 徐强. 区域矿产资源承载能力分析几个问题的探讨 [J]. 自然资源学报, 1996 (2).

[275] 李涌平, 扬华. 社会动态人口承载力的预测 [J]. 中国人口科学, 2002 (1).

[276] 夏军, 张永勇, 王中根等. 城市化地区水资源承载力研究 [J]. 水利学报, 2006, 37 (12).

后 记

本书从开始构思到今日的顺利完稿大概经历了近一年的时间。之所以写此书得益于去年所主持的一项省级课题《中原经济区区域承载力综合预测与评价》，本人在主持课题期间参阅了大量关于区域承载力评价分析的资料文献，并掌握了一些评价区域生态承载力的方法。在参阅众多学者的研究成果并结合自己课题成果的基础上写成了这本书，由于本人才疏学浅，错误之处在所难免，希望同行专家批评指正。

本书的基本思路是首先介绍了单因素承载力的定义及评价方法，然后指出单因素承载力分析一般是将环境、资源、经济从生态系统中割裂出来，没有考虑生态系统的整体效应，不利于生态承载力的整体评价。因此在单因素承载力分析的基础上又介绍了生态承载力的定义、现状及评价方法。在生态承载力的评价方法中，生态足迹法近几年来由于其理论优势，被越来越多地应用到生态承载力的评价中来。本书利用生态足迹法对中原经济区区域承载力进行了评价分析。另外，分别利用承载力常用评价方法中的状态空间法及主成分分析法对河南省及中原经济区的承载状况进行了分析，并根据分析结论提出了促进区域经济快速发展的政策建议。